2021 제22회 현대시작품상 작품집

이 시는 세 개의 새시입니다

정끝별 외

2021 제22회 현대시작품상 추천 우수작 1

송재학

1986년 세계의문학 등단

쓴 맛 단맛 외 4편

김경인

2001년 문예중앙 등단

반반 외 4편

기혁
2010년 시인세계 등단

유계영
2010년 현대문학 등단

나르키소스와 물고기 외 4편

잠이 우리에게 그렇게 하듯이 외 4편

2021 제22회 현대시작품상 추천 우수작 2

정끝별

1988년 문학사상 등단

정재학

1996년 작가세계 등단

이 시는 세 개의 새시입니다 외 4편

내게 고향별이 있다면 외 4편

상이시
2000년 현대문학 등단

속속들이는 알 수 없어도 외 4편

이현승
2002년 문예중앙 등단

사물의 깊이를
어떻게 만들어낼 것인가 외 4편

2021 제22회 현대시작품상 작품집

이 시는 세 개의 새시입니다

정끝별 외

1 [현대시작품상 추천 우수작]

송재학

쓴 맛 단맛 ——— 18
이장移葬 ——— 19
지하실을 데려가는 지하실 ——— 20
결핵문학 ——— 22
아파트를 업고 다니는 그림자 ——— 24
상호 번역 가능성의 문체 미학 / 오형엽 ——— 25

정끝별

이 시는 세 개의 새시입니다 ——— 30
아무나는 나이고 아무개는 걔이다 ——— 34
갈매기의 꿈 ——— 36
일상 아니 일식에 대하여 ——— 40
버뮤다 삼각지 ——— 42
우울과 희망의 이중주, 꿈과 그림자의 기억 / 오형엽 ——— 43

정재학

내게 고향별이 있다면 ──── 48

지 맘대로 생각하긴 ──── 49

정지한 시간을 고정시키기 위한 각주 3 ──── 50

알코올, 발 없는 새 ──── 52

반시反詩 ──── 53

삶의 온갖 엇갈림을 풀어내는 시 / 김언 ──── 54

장이지

속속들이는 알 수 없어도 ──── 60

물 어머니 ──── 62

紅顔白髮 ──── 63

Waterfall ──── 64

칭클챙클 ──── 65

바깥의 시간과 기억 / 안지영 ──── 66

김경인

반반 ──── 72

친구의 집 ──── 74

배송 ──── 76

서정 ──── 78

잠의 아름다운 형태들 ──── 80

'반반'의 존재미학 / 안지영 ──── 81

이현승

사물의 깊이를 어떻게 만들어낼 것인가 ──── 86

플랜 B ──── 88

자각 증상 ──── 90

마이닝 크래프트 ──── 92

DEUS BENEDICAT TIBI CUNCTIS DIEBUS ──── 94

시차의 미궁 / 조강석 ──── 96

기혁

나르키소스와 물고기 ──── 104

팬터마임 ──── 106

티라노 눈사람의 사랑 ──── 109

스웨터 ──── 112

장마와 원고 ──── 114

시에서 구상성이라는 곳의 의미 / 조강석 ──── 116

유계영

잠이 우리에게 그렇게 하듯이 ──── 122

눈딱부리 새의 관점 ──── 125

호애친 ──── 129

셔터스피드! ──── 131

거울에게 전하는 말 ──── 133

이 세계가 조금 흔들리는 소리 / 김언 ──── 136

2 [현대시작품상 수상자 특집 _ 정끝별]

2021 제22회 현대시작품상 심사평

유머와 아이러니와 역설의 연금술 / 오형엽 ──────── 142

기억의 지층을 파들어가는 언어의 비행술 / 김언 ──────── 144

오늘의 방황과 이후의 고투 / 조강석 ──────── 148

그림자의 초월론 / 안지영 ──────── 150

2021 제22회 현대시작품상 심사경위 ──────── 152

수상작

이 시는 세 개의 새시입니다 ──────── 158

아무나는 나이고 아무개는 걔이다 ──────── 162

갈매기의 꿈 ──────── 164

일상 아니 일식에 대하여 ──────── 168

동물을 위한 나라는 없다 ──────── 170

버뮤다 삼각지 ──────── 172

언니야 우리는 ──────── 173

두부하기 ──────── 176

모래는 뭐래? ──────── 178

사막거북 ──────── 179

수상소감
밤하늘에서 별자리를 잇듯 / 정끝별 ──── 180

자전 에세이
내 시의 뿌리들, 공과 술과 벗과 딸과 병 / 정끝별 ──── 182

대담
시와 삶이 함께 간다는 것 / 정끝별 손미 ──── 194

시인론
발 없는 자의 춤에 관하여 / 이기성 ──── 209

작품론
무수한 의미 사이의 하나의 세계 / 박수연 ──── 230

1

2021 제22회
현대시작품상
추천 우수작

송재학 정끝별 정재학 장이지
김경인 이현승 기 혁 유계영

● 추천 우수작

송재학

_쓴 맛 단맛
_이장移葬
_지하실을 데려가는 지하실
_결핵 문학
_아파트를 업고 다니는 그림자

❝ ▍현대시작품상 추천 우수작 1 / 송재학 ▍

쓴 맛 단맛 외 4편

- 쓴 맛이 혀에 올라갔기에
기어이 달콤함을 맛보려고,
한숨짓는 버릇이 있고,
단풍을 만났던 사람은
환과고독을 반복하는 계절이
서성거리는 사람의 이름이던
당나귀와
동행한다는 것이라고 믿으니,
후회도 없이

이장移葬

— 눈썹처럼 한 일자이지만 구불구불한 획이다 봉분을 열자 금방 늑골이다 뼈 한 자루가 몸을 털면서 어떤 부분은 너무 희고 어떤 부분은 얼룩덜룩한데 명암이 합쳐진 듯 자연스럽다 가시도 없고 약掠이나 탁啄이라는 삐침*도 없이 50년 내내 고요의 입이었다 글자를 배우려고 아카시아 잔뿌리들이 하얗게 덤벼들어 자잘 자잘한 지평선을 만든 게 잘 보였다 기어코 살과 뼈로 송연묵을 갈아서 새긴 글자, 한 밤중이면 깨어나 먼데까지 빛났던 형광물질을 대낮에 움켜쥐었다 늑골과 연결된 모든 뼈들의 숫자를 한꺼번에 만졌다

* 중국 서안 비림의 글자에는 삐침을 일부러 생략한 경우가 많았다. 농사의 근간이 되는 밭 위에 아무것도 억누르는 것이 없어야 한다는 설이 있다.

지하실을 데려가는 지하실

─ 스투키*의 초록은 문의 손잡이 형태다 내 손도 저렇다 지하실 틈새에서 물새의 발자국이 젖은 채로 발견된 건 그 안이 부글거리는 저수지라는 것과 다르지 않다 발등 위에 시계 소리를 올려도 아프지 않겠다는 스투키는 목구멍까지 올라온 덩굴식물 같은 물비린내를 삼키고 있다

불행 대신 나를 기다려주는 초록이 있다는 건 아직 읽지 못한 사막에 대한 소설이 몇 권이라는 의미, 잎새의 빈혈 속에 버성긴 열 손가락을 적셔본다

물속에 화분을 담그기도 했지만, 초록이라는 그림자는 적도 근처에서 찾아야 할지 모르겠다 귀가 입을 통과하는 모래 너머의 지하실, 물을 싫어한 것이 아니라 사막의 면적이 필요한 것을

누군가에게 건네준 자신의 눈동자이기에 너라는 말을 듣고 싶다는 식물의 지하실 입구, 어제의 책을 읽기 위해 그곳에 간다

일 년 내내 궁리하였던 세로의 문장들

시름시름 건기의 이중생활에 대한 질문은 백 가지이지만 숨이 찬 대답은 하나

꽃은 언제 피는 거니

시는 언제 쓰는 거니

* 아프리카서 자생하는 다육식물종. 보통 실내에서 키운다.

결핵 문학

— 결핵 문학의 전후를 마산*에서 찾는다 엽서에 입김을 남기면서도 머뭇거리는 모월 모일, 밤이면 조금씩 아파가는 병의 흰 살결이 눈부신 걸까 나도향과 임화를 따진다면 아름다운 마산에서 환멸의 섬섬함을 주는 쓸쓸한 마산**까지 세로의 날짜들이다 체온이 올라가는 안개가 모이고 어디서나 종소리가 들린다 파스와 에탐부톨을 지켜워하던 내 아우도 결핵 문학***을 거치던 청춘이다 전선줄에 매달린 낮달이 웅웅 거리는 신열에 시달리는 동안 경남문학관 가는 오래된 열차표를 선뜻 받았다 그곳에서 뒷모습이 푸르른 천사를 만나겠다 붉은 노을의 섶으로 피를 흘린다는 병의 연안은 길고 습했다 밤으로만 다니는 짐승의 생김새가 병의 이름과 비슷하지 않은가 남천의 알록달록한 이파리 너머 수평선이 생겨서 등대가 있다 나를 들여다보는 병과 같이 수축하는 불빛, 누군가의 동공이기에는 너무 어둡거나 밝다 내가 알던 친숙한 감정의 마산은 엎드려 엽서를 쓰기에 적당하게 따뜻한 곳

* 마산은 1946년 국립 마산병원 설립 이전부터 우리나라 결핵 치료의 중심지이기도 했다. 나도향, 임화, 권환, 이영도, 구상, 김지하, 함석헌 등이 마산에서 치료와 요양을 했다.

** "마산에 온 지도 벌써 두 주일이 넘었습니다. 서울서 마산을 동경할 적에는 얼마나 아름다운 마산이었는지요! 그러나 이 마산에 딱 와서 보니까 동경할 적에 그 아름다운 마산이 아니요, 환멸의 섬섬함을 주는 쓸쓸한 마산이었나이다". 나도향의 단편 「피 묻은 편지 몇 쪽」(1926년 4월, 『신민』)에서 발췌. 이 소설은 염상섭에게 보내는 편지 형식의 단편

— 이다. 그해 8월 나도향은 지병으로 요절한다.

*** 국립 마산 결핵병원에서 남윤철 민웅식 박철석 등이 펴낸 동인지『청포도』는 4집까지 나왔다. 1960년대 국립 마산병원 내의 결핵 문학동인인 무화과 동인들이『무화과』를 6집까지 출간했다.

아파트를 업고 다니는 그림자

— 개 짖는 소리 들리는 거지, 가까스로 골격만 올리고 중단된 아파트, 어쩌면 창틀마다 유리창 대신 복면의 인면이 출몰하는, 행적이 끊기자 어두워지면서 구멍이 숭숭한 그림자가 재빨리 나를 덮쳤다 쓰레기와 흙 냄새까지 뒤섞이면서 훅 다가오는데 무섬증이란 게 저렇구나, 저 안의 것들은 부양하거나 엉키거나 홀로 사라지지 못하는 얼룩들, 기울어진 아파트를 떠받치는 중력의 이름이다 눈 위를 걸어도 흔적 없는 발자국이 아파트 복도를 울리면서 프린트 중이라면, 누구일까 창문마다 흩어지거나 뭉쳐지는 안개들, 슬그머니 넝쿨이 인기척 대신 올라가는 아파트와 비탈이 부풀거나 납작해지니까 기척 없이 숨 쉬는 것들, 귀신고래의 무리라고 짐작해도 되는 것들, 다시 베란다에서 무엇인가 내 그림자를 뚫어지게 응시한다 문득 그림자가 아파트를 삼키듯 나도 내 속으로 들어갔다

송재학 | 시인. 1986년 『세계의 문학』으로 등단.

현대시작품상 추천 우수작을 읽고

상호 번역 가능성의 문체 미학

오형엽

　송재학 시의 원리를 기본적으로 지배하는 것은 인식과 감각 간의 충돌 및 길항이다. 그의 시는 의미를 형성하려는 구문과 그것으로부터 이탈하여 스스로의 가치를 증명하려는 감각이 상충하면서 여울처럼 휘감긴다. 그 거센 소용돌이에 수많은 파편들이 솟아오르고 흩어진다. 여기서 송재학 시에 나타나는 다양한 이미지들이 생성된다. 이미지는 풍경과 사물에 감각적으로 반응하는 시인의 육체로부터 미끌어져 나온다. 즉 신체적 주체와 풍경이 감각적으로 상호 침투하면서 틈새를 통해 남기는 흔적이 송재학 시의 이미지이다. 송재학 시의 이미지들이 교직되어 중층 구조를 이룰 때, 그것은 전체적으로 어떤 하나의 정서적 덩어리로 우리에게 전달된다. 송재학의 시는 과거와 현재 사이에 부재의 공간을 만들고 감각이 살아 숨 쉬는 이미지를 다양한 색채와 무늬의 흔적으로 가득 채운다. 이미지의 중층 구조를 통해 시적 인식과 감각이 상호 교직하며 휘감기는 결합 방식에 주목할 필요가 있다. 송재학 시의 공감각적 표현이나 비유는 여러 감각의 경계를 넘나들며 상호 침투하는 이미지의 중층 구조와 미세한 소리 결을 따라가는 음운적 리듬을 통해 의미의 인과율을 벗어난다. 따라서 송재학 시는 최초의 의도로부터 벗어나 다양한 요소들이 상호 충돌하고 의미를 증폭시키며 새로운 차원으로 도약한다.

송재학이 추구하는 '몸과 풍경의 연대'는 다양한 감각들의 중층적 결합 관계 속에서 물기를 따라가는 방향으로 전개된다. 시적 사유가 지향하는 의미 구성의 능동성과 시적 감각이 추구하는 비의지적 무의식의 수동성이 상호 교차하고 충돌하면서 송재학 시의 애매성을 산출하고 시적 풍요로움을 더해 준다. 송재학 시가 지닌 이미지의 중층구조는 의미의 인과율을 벗어나 시각·청각·촉각·후각 등의 다양한 감각을 넘나드는 동시에, 언어가 지닌 소리의 리듬을 타고 다닌다. 흰 색과 붉은 색, 물과 불의 대립 항들은 서로 동궤에 있지 않다. 그의 시에 나타나는 삶과 죽음, 흰 색과 붉은 색, 물과 불, 격렬함과 고요함, 남성성과 여성성, 수동성과 능동성 등의 대립 항들은 만남과 엇갈림을 거듭하며 이질성과 동질성이 교차되는 새로운 관계망으로 파생된다.

송재학 시의 근저에 도사리고 있는 정서적 덩어리는 고요와 슬픔의 아우라와 접속한다. 이 아우라가 깊어져 삶의 극단이자 원점에까지 근접할 때, 시적 풍경은 윤곽이나 색채로 존재하거나 작용할 뿐만 아니라 침묵이나 소리로도 존재하거나 작용한다. 송재학의 시가 보여주는 소리만 있는 울음, 그리고 그 근원적 형태인 맑은 울음은 송재학이 집중적으로 탐구하는 순수 청각의 세계, 다시 말해 잠재적 시공간을 묘사하는 것으로 보인다. 송재학의 시에서 소리는 화자의 몸속에 거주할 뿐만 아니라 풍경 속에도 거주한다. 거푸집의 낡음과 함께 낡아가는 몸속의 늙은 소리들은 청각적 이미지를 중심으로 소리와의 연대를 만들어낸다. 송재학 초기 시의 근간을 이루어 온 풍경과의 연대가 시각적 이미지를 중심으로 형상화된다면, 중기 시의 풍경과의 연대는 청각적 이미지를 중심으로 형상화된다고 볼 수 있다. 몸에 새겨지는 소리의 이미지를 책에 기록되는 문자의 이미지로 전환시키는 기법은, 풍경 및 소리와의 연대를 통해 몸과 세계가 상호 침투하면서 시적 언어를 생성시키는 송재학 특유의 시적 구조화 원리와 밀접히 연관된다. 송재학 시의 원리인 풍경과의 연대에 있어서 시각적 이미지 중심에서 청각적 이미지로 전개되는 과정이 시적 성숙의 과정과 연관된다. 온몸이 울음이 되는 차원에 이르러 송재학의 시는 자신의 역량을 축적하고 숙성시켜 그 몸 자체가 맑은 동심원 속으로 들어간다.

'몸과 풍경의 연대'를 통해 '잠재성'을 천착하는 송재학의 시적 지향은 최근 시에 이르러 안과 밖, 주체와 객체의 경계를 허물며 외부의 시선으로 풍경을 바라보며 다시 내부에 침잠하는 경지에 도달한다. 나와 너, 주체와 대상의 대칭적 관계를 넘어서 익명적 상호 주체성의 의미 연관을 통해 시적 풍경이 재탄생하는 것이다. 최근의 송재학 시가 보여주는 풍경의 비밀은 신파적 사랑의 정념을 표현하는 딱지본 소설의 산문 문체에서 이미지를 발굴하여 시의 문체로 번역하는 과정으로 연결된다. 이를 통해 송재학만이 쓸 수 있는 문체 미학의 지평을 끊임없이 확장해 나간다. 송재학은 고어체와 현대어체, 구어체와 문어체라는 두 양극을 충돌시키고 길항시켜 상호 번역 가능성을 모색한다. 즉 한 언어를 변형의 연속체를 통해 다른 언어로 변화하는 작업을 수행하는 것이다. 이 작업은 발터 벤야민이 『번역자의 과제』(1923)에서 '번역 가능성의 문제'로 규명한 '근친성'과 '순수 언어'를 시 쓰기로 실현하는 것이라고도 볼 수 있다. 번역의 과제는 원작의 모사가 아니라 원작이 불충분한 언어로 지시하는 것, 상징적으로 형상화하는 것을 표현하는 것이다. 즉 번역은 원작이 담고 있는 '순수 언어'를 번역자의 언어로 표현하는 과제를 떠맡는 것이다. 송재학은 자신의 몸을 시의 몸에 최대한 밀착시킴으로써 이러한 번역자의 과제를 시인의 과제로 온전히 떠안는다. 초기 시에서 최근 시에 이르기까지 송재학의 시 세계를 관통하는 구조화 원리는 인식과 감각, 몸과 풍경, 구어체와 문어체 등의 양극을 충돌시키고 길항시키면서 시적 언어의 완성에 육박하기 위해 상호 번역 가능성을 탐색하는 것이라고 볼 수 있을 것이다. 詩

오형엽 | 문학평론가. 고려대 국문과 교수. 1994년 『현대시』 신인추천작품상 평론 부문, 1996년 『서울신문』 신춘문예로 등단. 비평집 『신체와 문체』, 『주름과 기억』, 『환상과 실재』 등.

● 추천 우수작

정끝별

_ 이 시는 세 개의 새시입니다
_ 아무나는 나이고 아무개는 개이다
_ 갈매기의 꿈
_ 일상 아니 일식에 대하여
_ 버뮤다 삼각지

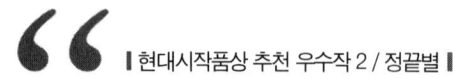

| 현대시작품상 추천 우수작 2 / 정끝별 |

이 시는 세 개의 새시입니다 외 4편

\# 새들은 그림자가 없어요

땅에 붙어서 걷는 그림자는 크고
땅에서 가까이 나는 그림자는 작다

땅을 벗어난 것들의 그림자는? 없다!

꿈에서는 아무것도 사라지지 않아요 그림자를 놓쳤기 때문이예요 어릴 적 길에게도 집에게도 잃어버린 신발에게도 죽은 아버지에게도 없어요 꿈에는 그림자가 없어요

펼쳐야 날 수 있고 날아야 잊힐 수 있다는데
웅크린 기억들을 죽지에 묻고 또 묻는다
나는 내게도 보여줄 수 없는 기억들이 있다

어깻죽지를 펴고 빠르게 달릴수록 튀어 올라요 높이 날수록 허공에서 흩어져요 그러니 그건 새였을까요?

공중부양하는 것들에겐 그림자가 없고
내 그림자엔 새가 없다

수평선처럼 흔들렸어요

자세가 바뀌면 지평이 바뀐다 지평 위 그림자의 농도나 온도나 각도나 차도도

어쨌든 새는 게 실패가 아니다
가장 뜨거운 눈물 아래로는 겹겹의 파도가 있고
파도와 파도 너머로 한 줄 실선이 있다

방파제에 이른 눈물의 실선이 지평이다 새의 시작이다

간절했던 꿈밖으로 방금 넘쳤거나 곧 넘칠 파도가 벌벌 떨고 있어요 풍風이었어요 층층의 구름과 가장 먼 하늘이 엎질러졌어요 그건 수평선이었을까요?

꿈에서 흘러나온 바다가 지문처럼 일렁이며 이랑을 새긴다
꿈도 아니었는데 바닥이 바다처럼 출렁인다

웅크리면 길은 홈이 되고 홀이 되어 나를 삼키고

　　지평을 바꾸다 보면 언젠가 탈출할 수 있으니
　　무엇이든 돼! 돼! 무엇이어도 괜찮아, 괜찮아,

　　엎질러진 그림자라면 더욱

　　# 그림자가 날 일으켜 세워요

　　하나의 빛을 향하면 그림자도 하나

　　세상에 나올 수 없는 그림자는 깊고 뜨겁고
　　깨면 잊히는 꿈처럼 그림자는 있고 없다

　　뒷배인 듯 제 그림자를 끌고 가는 날엔 태양에 이마가 타들어가고, 앞
　　배인 듯 제 그림자를 안고 가는 날엔 태양에 뒤통수가 다 다 타들어간다
　　길에 새긴 문신처럼

　　실선을 넘어선 것들에겐 없다

옥 규 숙 영 악보를 벗어난 음표처럼 휘리릭
　어디로 갔을까 모으고 모았던 우표나 종이학처럼 소식조차 잊은 이름들이 그림자를 잃었지만

　아직 내겐 두 발로 써야 할 길의 역사가 있고 타들어가면서도 마주해야 할 빛의 역사가 있어요 바닥이 없으면 직립도 없어서 그림자라는 희망의 자장이 없으면 하, 나도 없는 거예요

　나와 하나인 것들과 내게 하나인 것들과 나를 하나이게 한 것들이 있어 그림자도 하나

　저녁 무렵일 때 새는 가장 낮고 가장 향기롭다
　밤이 오면 크나큰 날개가 날 덮어줄 것이다

아무나는 나이고 아무개는 개이다

누군가는 사랑을, 누군가는 질투를, 누군가는 저주를……

누군가를 생각하며 쓴 '누군가'에 줄을 긋고
'아무개'라고 교정해준 아무개가 있었다

아무나가 아닌 아무개가
누구나가 아닌 누군가와 접속한 것이다

하긴 아무나나 누구나보다는
아무개나 누군가가 더 가깝기는 한데

아무 개도 개, 누군 가도 개라서
아무개로 동하면 누군가로 통한다
아무 나도 나, 누구 나도 나라서
아무나는 아무도보다 쉽고
아무나가 쉬우면 누구나는 더 쉽다

누구랄 것도 없이
누구도는 누군가의 아무개와 접하고
아무랄 것도 없이

— 아무도는 아무개의 누군가에 속한다

하니 아무개는 아무나나 아무도로
누군가는 누구나나 누구도로 숨는다

아무나 쓰는 건 누구나 쓰고
아무도 못 쓰는 건 누구도 쓰지 않고
누군가 써야 할 건 아무도 쓰지 않으니
아무 나이면서 누구 나로
아무 개이면서 누구 가로 덮어씌운
중복불가의 저 *****에는 암만 봐도 이름이 없고

접속할 때마다 불상과 미상으로 길어지는
익명의 아이디에는 지평이 없다

부지불식의 손끝에는 지문이 없다

갈매기의 꿈

To the real Jonathan Livingston Seagull,

who lives within us all

하얀 새 한 마리가 긴 날개를 펴고 동쪽을 향해 날고 있었어
흰 날개를 받쳐주는 저 파랑은 바다였을까 하늘이었을까
오른쪽 날개에는 세로로 쓰는 갈매기의 꿈이
왼쪽 날개에는 가로로 쓰는 Jonathan Livingston Seagull a story가
펼쳐졌다가 판권에서 만났어

갈매기의 꿈　　(값 500원)
~~~~~~~~~~~~~~~~~~~~~~~~
西紀 1974年 4月 15日 印刷
西紀 1974年 4月 25日 發行
　　著　者　리 처 드　바 크
　　譯　者　李　　相　　吉
　　발행인　方　　義　　煥
　　발행처　世　　宗　　閣
　　서울특별시 관악구 본동 127
　　출판등록 1962.11.3.(가)1083

낙장 파본은 교환해 드림.

-

갈매기의 꿈과 영어를, 아버지가 말했어
갈매기의 꿈과 그림을, 여자에겐 날개가 없어
갈매기의 꿈과 베껴쓰기를, 오빠들이 말했어
갈매기의 꿈과 춤을, 치마를 날개처럼 펼쳐선 안돼

조나단 리빙스턴 시절, 가슴이 멍울지고 소름이 솜털처럼 돋던 이름이었다가
조나단 리빙스턴 시절, 책장꼭대기에 먼지처럼 쌓인 이름이었다가

시인은 마치 저 구름의 왕자 같아라

폭풍을 좇는 구름왕자처럼 파랑에 취해 좁쌀별들을 비웃는 한 시인의 알바트로스를 보았어
뱃사람들에게 잡혀 커다란 날개를 질질 끌고 다니다 물갈퀴는 쌈지로 뼈는 담뱃대로 깃털은 모자장식으로 팔렸다지
파랑에서 빛나던 흰 날개를 떠올리는 밤에는 누봉이 숙지까지 내려오곤 했어

모든 새들에겐 둥지가 있어야 해, 집이 말했어

― 먹이를 찾아 땅에 붙어 걷는 새들도 아름답지 않니? 거리가 말했어

초록의 논에서 놀던 백로의 등에 올라타자 백로가 하얀 날개를 펼쳤는데 날개가 하늘을 덮어 궁창이 깨지며 천둥번개가 쳤어 붕새야 붕새, 비명을 지르며 꿈에서 깼는데
남편이 말했어, 좁은 침대에서 네가 날개를 펼치면 내가 떨어지잖아
아이들이 말했어, 우와 날개다! 타고 싶어 태워줘!
날으는 것이 두렵다는 소설을 읽고 또 읽으며 발 없는 새를 꿈꾸는 밤이었어

翼殷不逝라니,
큰 날개를 가지고도 날지를 못한다니!

좁은 방에서 커다란 날개는 불구였을 거야
날기 전까지 나는 법을 몰라
백화점 옥상에서 떨어지면서 날기 시작했다지
한번 날자 죽어서도 세상 멀리 세상 높이 날았다지
이상이라는 바보새를 애도하는 밤들이었어

낡은 침대에서 홀로 뒤척이던 날 보았어

반백년을 봉인된 채 꽂혀 있던 갈매기의 꿈을
손끝에 잡힐락 말락 추락한 날개가 바닥을 치자
시큼한 먼지들이 깃털처럼 날았어 일제히
뼈에 구멍이 생기고 새처럼 가벼워진 몸이 휘청였어

아침이었으며, 그리고……

일상 아니 일식에 대하여

一
처음 문을 당긴 손
처음 병에 꽂힌 꽃다발
처음 말을 부르는 두 혀
처음 창에 걸린 네 별 내 별

꽃병을 벗어난 물처럼 처음이 쏟아졌다

함께 웃던 사진액자 뒤 삐뚤게 박힌 못이
숱 많은 머리칼을 묶던 돌돌 말린 머리끈이
지친 엉덩이를 지탱하느라 주저앉은 소파가
카펫이 숨기고 있던 창백한 마룻바닥이
다섯 손가락을 기억하는 장갑 한 짝이

빈 트럭이 다녀갔다

잃는 게 아니라 잊는 거라고
잊는 게 아니라 놓아주는 거라고
놓아주는 게 아니라 지나가는 거라고

쏟아진 문고리에 지문을 지운다 쏟아진 머리칼을 깔고 누워 쏟아진

  바닥과 체온을 나누며 자다 깨다 또 잔다 쏟아진 소파에 젖은 말풍선을
채워 넣는다 쏟아진 밤별에 길어진 느낌표를 건다

    택배상자들이 쌓였다

    다음 신은 길고양이
    다음 나라는 집이나 가족 없이
    다음 날은 목에 단 방울 따위 사절
    다음 물음은 그냥 나

    안경과 양말과 우산이 우선 필요해

    쏟아진 처음이
    유구할 다음이야,

    지금이 내 귀에 초인종을 울렸다

버뮤다 삼각지

버뮤다에 사는 어떤 불갯지렁이는

보름달이 뜨면 암컷들이 떼를 지어 깜깜한 항구의 바다 위로 떠올라 강강술래 강강술래 달빛에 기울어 돈다 빛의 구애에 화답하듯 수컷들도 떠올라 암컷들이 빚은 빛의 반지에 기울어 돈다 빠르게 암컷들과 어울러 돌면서 빛의 씨앗을 방사한다 그것이 전부! 항구의 밤바다를 밝혔던 빛들이 순식간에 꺼진다

사랑은 저리 부시고 짧다

술래야 술래야 오랑캐들을 불렀던

내 청춘의 삼각지 로터리에서 블랙홀처럼 꺼졌던
섬광의 보름달이 한 생을 이울게 한다

정끝별 ǀ 시인. 1988년 『문학사상』으로 등단.

현대시작품상 추천 우수작을 읽고

우울과 희망의 이중주, 꿈과 그림자의 기억

오형엽

　정끝별의 시는 생과 사의 경계에서 깊고 어둡고 고독한 심연을 통과해서 솟아나는 희망의 비전을 발랄하고 경쾌한 언어 감각으로 표현해 낸다. 누추하고 비루한 일상의 표면 위로 햇볕을 비춰주는 시인 특유의 낙관적 비전이 언어적 우연 및 필연의 중첩되면서 시적 도약을 이루어낸다. 우울과 희망의 이중주가 언어 유희적 유머를 통과하면서 시적 반복과 변주와 변신을 진행하는 것이다. 동음이의어에서 의성어나 의태어뿐만 아니라 조사 하나에 이르기까지 치밀한 언어적 장치를 구사하는 문장의 연금술을 통해 유희와 유머가 아이러니와 역설의 차원과 만나서 회전하고 순환한다.
　정끝별의 시는 이러한 언어적 조율을 통해 일상의 삶, 평범한 사람, 눈여겨보지 않는 사물의 이면에서 숨은 비밀을 발견하고 그것에 합당한 이름을 붙여주고 바라주며 웃어준다. 평범한 일상과 사람과 사물을 소중하고 고유하며 특별한 존재로 만들어주는 능력이 시인의 능력임을 유감없이 보여주는 것이다. 천진난만한 순수와 일탈하는 파격 사이에서 자유로운 운행을 지속하던 정끝별의 시는 최근 시에서 '꿈의 심연'과 '그림자의 기억'을 중요한 모티프로 채택하고 있다.

꿈에서는 아무것도 사라지지 않아요 그림자를 놓쳤기 때문이예요 어릴 적 길에게도 집에게도 잃어버린 신발에게도 죽은 아버지에게도 없어요 꿈에는 그림자가 없어요

펼쳐야 날 수 있고 날아야 잊힐 수 있다는데
웅크린 기억들을 죽지에 묻고 또 묻는다
나는 내게도 보여줄 수 없는 기억들이 있다

어깻죽지를 펴고 빠르게 달릴수록 튀어 올라요 높이 날수록 허공에서 흩어져요 그러니 그건 새였을까요?

공중부양하는 것들에겐 그림자가 없고
내 그림자엔 새가 없다

정끝별의 근작 시인 「이 시는 세 개의 새시입니다」는 '# 새들은 그림자가 없어요' '# 수평선처럼 흔들렸어요' '# 그림자가 날 일으켜 세워요' 등 세 개의 부제목이 붙은 일종의 연작시 형태로 제시된다. 새의 그림자와 내 그림자의 관계를 통해 '꿈'과 '기억'의 복잡하고 미묘한 양상을 묘사하면서 존재의 심연과 그곳을 통과하여 솟아나는 희망의 비전을 형상화한다.

방파제에 이른 눈물의 실선이 지평이다 새의 시작이다

간절했던 꿈밖으로 방금 넘쳤거나 곧 넘칠 파도가 벌벌 떨고 있어요

풍風이었어요 층층의 구름과 가장 먼 하늘이 엎질러졌어요 그건 수평선이었을까요?

　　꿈에서 흘러나온 바다가 지문처럼 일렁이며 이랑을 새긴다
　　꿈도 아니었는데 바닥이 바다처럼 출렁인다

공중부양하는 새들에는 그림자가 없지만, 자세를 바꾸는 변신을 통해 "그림자의 농도나 온도나 각도나 채도"를 만들고, "꿈밖으로 방금 넘쳤거나 곧 넘칠 파도"를 생성시킨다. "꿈에서 흘러나온 바다"는 정끝별 시의 '꿈의 심연'과 '그림자의 기억'이 삶의 공간으로 흘러넘쳐 현실적 작용을 일으키는 모습이다. "지평을 바꾸다 보면 언젠가 탈출할 수 있으니/ 무엇이든 돼! 돼! 돼! 무엇이어도 괜찮아, 괜찮아,"라는 문장이 시 의식의 핵심을 표출하고 있다.

　　뒷배인 듯 제 그림자를 끌고 가는 날엔 태양에 이마가 타들어가고, 앞
　　배인 듯 제 그림자를 안고 가는 날엔 태양에 뒤통수가 다 다 타들어간다
　　길에 새긴 문신처럼

　　실선을 넘어선 것들에겐 없다
　　옥 규 숙 영 악보를 벗어난 음표처럼 휘리릭
　　어디로 갔을까 모으고 모았던 우표나 종이학처럼 소식조차 잊은 이름
　　들이 그림자를 잃었지만

　　아직 내겐 두 발로 써야 힐 길의 역사가 있고 다들이기면서도 미주헤야
　　할 빛의 역사가 있어요 바닥이 없으면 직립도 없어서 그림자라는 희망의
　　자장이 없으면 하, 나도 없는 거예요

정끝별은 '꿈의 심연'과 '그림자의 기억'을 중심으로 우울과 낙관의 이중주를 연주하면서 궁극적으로 "제 그림자를 끌고 가"거나 "제 그림자를 안고 가는" 능동적 의지를 발휘한다. "두 발로 써야 할 길의 역사가 있고 타들어가면서도 마주해야 할 빛의 역사가 있"음을 직시하고 "그림자"를 "희망의 자장"으로 인식하고 수용하는 시적 반전을 이루어낸다. 여기서 우리는 정끝별 시의 우울과 희망의 이중주가 언어 유희적 유머를 통과하면서 시적 반복과 변주와 변신을 진행하는 진경을 다시 한 번 목격하게 된다.詩

오형엽 | 문학평론가. 고려대 국문과 교수. 1994년 『현대시』 신인추천작품상 평론부문, 1996년 『서울신문』 신춘문예로 등단. 비평집으로 『신체와 문체』, 『주름과 기억』, 『환상과 실재』 등이 있다.

● 추천 우수작

정재학

_내게 고향별이 있다면
_지 맘대로 생각하긴
_정지한 시간을 고정시키기 위한 각주 3
_알코올, 발 없는 새
_반시反詩

▌현대시작품상 추천 우수작 3 / 정재학▌

내게 고향별이 있다면 외 4편

서울에서 태어난 나는 고향이 없다. 같은 고향 사람이라는 반가움이 없는 고향이 무슨 고향이람. 같은 서울 사람이라고 반가워한다면 고양이가 웃겠다. 고양이별의 고양이도 웃겠다. 그런데 아주 가끔은 지구가 고향이 아닌 것 같다. 왜 이리 지구가 익숙하지 않고 힘들담. 막연하지만 환생이 전 우주를 통해 이루어진다면 지구에서는 더 이상 다시 태어나고 싶지 않다. 아주 지긋지긋한 느낌… 나의 고향별은 어떤 곳일까? 연분홍빛 크리스탈 호수가 있을까? 액체도 고체도 아닌 크리스탈 물. 호수 자체가 허공 위에 떠 있지는 않을까? 그 위로는 산처럼 큰 거대한 날개의 새들이 날고. 나의 고향별 사람들은 투명한 몸이지 않을까? 투명한 살갗 속에는 그대로 빛들이 혈관처럼 움직이고. 옷도 필요 없는 빛의 몸. 왜 자꾸 막연하게 지구에서는 할 만큼 했다는 생각이 들까. 고향 행성 동료들도 곁에 없는데. 고향별이 있다면 그곳은 얼마나 많은 음악을 들어야 갈 수 있을까. 다른 지구들에서도 나는 쓸쓸하다. 문득 밤하늘을 보니 나의 목소리가 울렸다.

지 맘대로 생각하긴

저 꽃들 좀 봐! 했더니 벚꽃길을 함께 걷던 여덟 살 아들이 꽃들은 나무들이 힘들게 응가를 한 거라고 우긴다. 개나리를 보더니 금똥! 벚꽃은 공주님똥! 멀리 있는 저 나무는 설사했네!라며 눈을 못 뜰 정도로 자지러지게 웃는다. 응가하는 것보다는 나무가 훨씬 힘들었을 것 같은데……라고 얘기를 해주다가 어쩌면 나무는 응가하는 것보다 쉽게 꽃을 피울지도 모른다는 생각. 나무 자신은 그저 겨울잠을 자다 깬 것처럼 정신을 좀 차리고 기지개하듯 꽃을 피우는지도 모를 일. 아니면 아이 말대로 힘든 응가처럼 꽃을 피우는지도. 나무야! 뭐가 맞니? 꽃을 피우는 일과 열매를 맺는 일 중에는 뭐가 더 힘드니? 아니면 둘 다 안 힘드니? 너에 대해 아는 게 없는데. 나무의 응가는 봄마다 사람들을 행복하게 하는데. 똥이라는 말도 아들과 나를 행복하게 하는데.

정지한 시간을 고정시키기 위한 각주 3

―
나만 보았던 아버지의 생전 마지막 모습,
가쁜 숨으로 흔들리시며 인공호흡기를 끼우던 그때
투명한 유리막 사이로 내가 힘내라고 주먹을 불끈 들었을 때
아버지도 천천히 함께 주먹을 들었다.
사람에게 슬픔저금통이 있다면
그때 꽉 차 버린 것 같다.
묻어버리고 찾고 싶지 않은 슬픔저금통.
이년이 되었지만
그 마지막 순간을 어머니와 형제들에게 아직 말하지 못했다.

요즘은 멀쩡하게 가던 시계를 손목에 차면 죽어버린다.
이상해서 아내 손목에 채워보니 잘 간다.

아버지, 이제 타르 같은 감정들을 버리려고 합니다.
불친절했던 그 마지막 의사도
항암제 맞고 누워계신 아버지에게 전화해서
자기 투정만 하던 그 인간도
이제 제 슬픔저금통에서 쏟아버리려고 합니다.
가끔은 내가 왜 아버지를 선택해서 태어났을까,
아버지는 왜 저를 선택했을까 생각해봅니다.

— 아버지와의 많은 엇갈림들이 나의 정서가 되었습니다.
아버지가 저를 시인으로 키우신 것 알고 있습니다.
시 몇 편 쓰고자 저는 아버지를 선택했고요.

이제는 저나 아버지나 아무 엇갈림 없이도 시를 쓸 수 있을 겁니다.
지금처럼 시계를 죽이는 일도 없을 겁니다.

알코올, 발 없는 새

"이십년간 회사도 집도 쉬지 못했다네. 이제 할 만큼 했어." 삼십년 간 알고 지낸 고등학교 친구가 눈두덩으로 얘기했다. 친구의 눈은 어디로 간 것일까. 거리에 흘린 것일까. 간밤에 친구는 끝은 있다며 시를 써서 보내왔다. 그래도 어린 아들을 볼 수 있는 집이 덜 고통이었을까. 아이가 중학생이 되면 남편은 그만 두겠다고. 회사는 다음 주에 그만 두겠다고. 글을 쓰고 싶다고. 오랫동안 고통을 받은 사람들은 눈두덩만 보인다. "웃어주는 포근한 아가리로 떨어지고 싶다네. 그 어디에서도 쉴 수가 없었다네." 친구는 우울감과 우울증은 다르다며 소주잔을 내려놓는다. 친구 목소리의 주파수에 맞추어 발 없는 새가 날갯짓을 한다. 술집 전등 주위를 빙빙 돈다. 아주 오래전 우리는 그 새에 대한 이야기를 한 적이 있다. 우리의 눈두덩이 서로 마주치자 우리의 눈동자는 제자리로 돌아왔다. 발 없는 새가 술잔으로 추락한다.

반시反詩

— "난 시를 어떻게 쓰는지 모르고 시를 써왔나봐." 아내한테 푸념하니 옆에서 아들이 "아빠가 시인인데 그건 말도 안 돼!" 비웃으며 "시는 진실해야지. 거짓이어도 되지만" 제법 아는 척 한다. 나름 열세 살 때부터 시를 썼고 등단한지 햇수로 이십오 년이 되었는데도 시를 쓰려고 할 때마다 늘, 시를 어떻게 쓰는 거지? 설거지 끝난 스펀지처럼 먹먹한 느낌. 분풀이로 쓰던 시절도 있었고 쓸쓸해서 쓰기도 했지만 결국 유희였다는 생각. 어둠과 유희가 앞서거니 뒤서거니 나를 위한 경주를 했다는 생각. 심장 근처의 분노 창고가 터지고 다시 분노가 쌓이다가 이제는 비에 씻기고 흘러가고 증발하고. 떠오르는 것들이 생각인지 감정인지 모르겠지만 건망증처럼 편하다. 이제 스펀지를 꽉 짜내어볼까? 아내가 한마디 거든다. "전에 당신이 시는 다시 읽고 싶어져야 시라고 했었는데… 또 뭐라고 그랬던 것 같은데…….", "내가 그렇게 멋없게 얘기했어?"

정재학 | 시인. 1996년 『작가세계』로 등단.

현대시작품상 추천 우수작을 읽고

삶의 온갖 엇갈림을 풀어내는 시

김언

정재학 시인 하면, 그로테스크한 상상력과 환상적인 서사를 먼저 떠올리는 독자들이 있을 것이다. 특히 90년대부터 시를 읽어온 독자에게는 더 선명하게 각인되어 있을 것이다. 우리 시단에서 환상시의 계보를 논할 때 빠지지 않고 들어가는 정재학 시인의 독특한 시적 성취는, 시절이 한참 지나 2020년대에 접어들어서도 여전히 탐독할 만한 매력과 가치가 있다.

이와 별개로 근래에 발표되는 시인의 신작시를 살펴보면, 과거 정재학의 전매특허인 그로테스크한 환상시와는 많은 거리감이 있어 보인다. 단적으로 말해 환상을 대신하여 현실이 전면에 등장하는 시로 옮겨간 느낌이다. 이러한 변화는 세 번째 시집 『모음들이 쏟아진다』(창비, 2014) 무렵부터 서서히 감지되다가 최근작으로 오면서 더 두드러진다. 물론 환상과 현실은 서로 무관한 관계가 아니다. 오히려 역상을 이루면서 긴밀한 관계에 놓이는 경우가 많다. 환상에서 가장 눈부신 지점이 현실에서 가장 어두운 지점과 역상으로 연결된다고 할 때, 정재학의 최근 시는 현실의 역상으로서 환상을 드러내는 것이 아니라 현실 자체를 응시하는 쪽으로 무게중심을 옮겨온 것으로 읽힌다.

당연히 시에 등장하는 인물도 가상의 인물보다는 아버지, 아내, 아들, 친구처럼 현실의 주변 인물로 채워지고 있다. 그리고 그들과 나눈 대화나 그들과 겪은 일화에서 시를 끄집어내고 있다. 때로는 가볍고 소소한 이야기로, 때로는 견디기 힘든 삶의 무게를 담은 이야기로 풀어내는 시의 화법은 담담하고도 솔직하다. 예전의 정재학 시에서 보았던 그로테스크한 화풍과는 상당한 거리감을 주는 이 시풍에 대해 누군가는 꽤 친숙한 느낌을 받을 것이고, 누군가는 역으로 꽤 낯선 감정을 느낄 것이다.

친숙하다면 친숙하고 낯설다면 낯선 이 변화의 이유를 짐작하자면, 가령 이런 것이 아닐까. 한때는 "부풀이로 쓰던 시절도 있었고 쓸쓸해서 쓰기도 했지만 결국 유희였다는 생각. 어둠과 유희가 앞서거니 뒤서거니 나를 위한 경주를 했다는 생각"에 접어들면서 시 역시 변화를 겪은 것으로 짐작된다. 그래서 "심장 근처의 분노 창고가 터지"던 시절의 시가 "비에 씻기고 흘러가고 증발하"면서 "건망증처럼 편하"(「반시反詩」)게 말하는 방식의 시로 옮겨온 것으로 보인다. 현실의 역상으로 눈부시던 환상이 그렇다고 완전히 자취를 감춘 것은 아니다. 현실에 밀착한 시에서도 어둡고 무겁고 괴로운 장면을 담아낼 때는 환상의 잔영처럼 비상하는 존재가 등장한다.

> 오랫동안 고통을 받은 사람들은 눈두덩만 보인다. "웃어주는 포근한 아가리로 떨어지고 싶다네. 그 어디에서도 쉴 수가 없었다네." 친구는 우울감과 우울증은 다르다며 소주잔을 내려놓는다. 친구 목소리의 주파수에 맞추어 발 없는 새가 날갯짓을 한다. 술집 전등 주위를 빙빙 돈다. 아주 오래

전 우리는 그 새에 대한 이야기를 한 적이 있다. 우리의 눈두덩이 서로 마주치자 우리의 눈동자는 제자리로 돌아왔다. 발 없는 새가 술잔으로 추락한다.

—「알코올, 발 없는 새」 부분

술에 기대어서만 토로할 수 있는 현실의 답답함은, 그 무게감에 반하여 훨훨 비상할 수 있는 존재("발 없는 새")를 불러내지만 끝내 날아오르는 환상까지 나아가지는 못한다. 환상의 입구에서 추락하고 마는 새를 기다리고 있는 것은 여전히 현실이다. 고통과 우울로 점철된 현실에서는 또 다른 고향별을 상상하고 동경하는 환상도 그다지 힘을 받지 못한다. 이 지구와 마찬가지로 "다른 지구들에서도 나는 쓸쓸하다"는 것을 선험적으로 알아버린 자의 한숨만이 길게 남는다. 가슴에 "슬픔저금통"(「정지한 시간을 고정시키기 위한 각주 3」)을 품은 채, 지상에서 먼저 떠나보내야 하는 이들을 애도하는 시간만이 기다리고 있는 삶. 혹은 현실.

이미 꽉 차 버린 슬픔저금통을 품고 사는 와중에도 간간이 웃음을 주는 일이 끼어들면서 숨통을 틔워주는데, 정재학의 시에서는 그것이 대체로 '아들'을 비롯한 아이들의 시선을 통해서 구현된다. "저 꽃들 좀 봐! 했더니 벚꽃길을 함께 걷던 여덟 살 아들이 꽃들은 나무들이 힘들게 응가를 한 거라고 우긴다. 개나리를 보더니 금똥! 벚꽃은 공주님똥! 멀리 있는 저 나무는 설사했네! 라며 눈을 못 뜰 정도로 자지러지게 웃는다."(「지 맘대로 생각하긴」) 아이들은 다 자라기 전까지 매일 새롭게 말을 배운다. 매일 새롭게 사물을 익히고 매일 새롭게 사고하고 상상할 수 있는 시간은 아이 때만 전적으로 누릴 수 있는 특권이다. 이 특권을 조금이라도 더 오래 간직하기 위해 애쓰는 이들이 또한 시인일 것이다.

그러나 시인도 늙는다. 원하지 않더라도 늙는 순간이 언젠가는 온다. 하루하루 늙어가고 죽어가는 시간을 시인이라고 해서 거부할 수 있는 특권은 없다. 어느 날 문득 눈을 떠보니 한없이 늙어버린 존재가 바로 자기 자신이라는 것을 목격할 때, 영원히 지속될 것 같은 청춘의 장르로서의 시도 더는 힘을 쓰지 못하고 같이 늙는다. "어둠과 유희가 앞서거니 뒤서거니 나를 위한 경주"를 해주던 한때의 시도 결국 "비에 씻기고 흘러가고 증발하"는 운명을 못 벗어난다면, 남는 것은 한 가지다. 아니 두 가지다. 하나는 숨 막히는 현실의 무게감을 있는 그대로 담아내는 시선. 다른 하나는 그럼에도 숨통을 틔우듯이 다른 생각과 다른 언어와 다른 웃음을 안기는 아이들을 바라보는 시선.

두 시선은 언뜻 엇갈리는 위치에 있는 것처럼 보인다. 그러나 "아무 엇갈림 없이도 시를 쓸 수 있"(「정지한 시간을 고정시키기 위한 각주 3」)는 지경을 꿈꾸는 시인에게는 여덟 살짜리 아들이 들려주는 엉터리 같은 말 한마디도 예사로 넘기지 않고 오래 곱씹을 것 같다. "시는 진실해야지. 거짓이어도 되지만"(「반시反詩」). 시에 대해서 아는 척한답시고 툭 던져놓은 아이의 저 말 한마디가 이상하게 진실 같고 이상하게 화두 같다는 생각을 나만 혼자서 하지는 않을 것 같다. 정재학의 시 역시 그런 생각을 통과하면서 온갖 엇갈림으로 점철된 삶의 순간순간을 소박하면서도 단순한 언어로 풀어내는 일에 한동안 헌신할 것으로 보인다. 詩

김언 | 시인. 1998년 『시와사상』 등단. 시집 『숨쉬는 무덤』, 『거인』, 『소설을 쓰자』, 『모두가 움직인다』, 『한 문장』, 『너의 알다가도 모를 마음』, 산문집 『누구나 가슴에 문장이 있다』, 시론집 『시는 이별에 대해서 말하지 않는다』 출간.

● 추천 우수작

장이지

_속속들이는 알 수 없어도
_물 어머니
_紅顔白髮
_Waterfall
_칭클챙클

❚ 현대시작품상 추천 우수작 4 / 장이지 ❚

속속들이는 알 수 없어도 외 4편

나뭇가지를 오가며
작은 새들이 서로 부르는 소리는
한 마리 큰 새의 노래가 된다.

밤의 들판을 기며 질질 짜는
무명의 벌레들이 내는 소리는
한 마리 큰 벌레의 슬픔이 된다.

낱낱의 이름은 모른다.
낱낱의 소리는 모른다.
저마다의 조음기관을 속속들이는 알 수 없다.

이상하다. 나는 내가 그 큰 새라고 느낀다.
내가 그 큰 벌레라고 느낀다.
내가 나무이고 밤의 들판이고
소리의 알이라고 느낀다.

속속들이는 알 수 없어도 알고 있는 것만 같다.

발끝을 모으고

- 조금은 옅어진 그림자를 내려다본다.
끝나자마자 알게 될 낯선 음악을 아무렇게나 걸치고
추운 하늘에서 가장 빛나는 별과 눈 맞춰본다.

물 어머니

一 비 오는 날에는 수족관에 간다. 해파리를 보면 마음이 가라앉는다. 오억만 년 전 캄브리아기의 무결한 연상年上이다. 오억만 년 전부터 한 번도 진 적 없이 해저를 비추는 달의 옷자락. 저것은 뇌 없이도 벌써 몸짓이다. 뇌 없이도 심연深淵의 투명한 문을 연다. 읽을 수 없는 몸짓으로, 언어의 바깥에서, 언어의 빛이 닿지 않는 곳에서, 불타오른다.

물 어머니라는 별명이 있다고 한다. 스란치마, 나풀거린다. 한 소년이 함께 온 어머니의 치마를 잡고 흔든다. 어머니는 아들의 손을 꼭 잡아 준다.

紅顔白髮

─ 세계의 바깥
　 만년설 덮인 산정에는
　 이십 년인가 삼십 년 만에
　 달빛 속에 피는 꽃

　 있어

　 그 너머는
　 우리가 잃어버린 사랑이 떠난 곳이라고들 한다.
　 불가능한, 불가능한 곳이라고들 한다.

　 그대 떠난 겨울에
　 꽃 피면
　 이십 년인가 삼십 년 만에
　 붉은 꽃 피면

　 그 주위를 돌며
　 없는 것을 드리겠다고
　 없는 것을 드리겠다고
　 가슴을 치며 늙어갈 날들.

Waterfall
— 센주 히로시(千住博)

一   침엽수가 어두워지는 동안, 활엽수는 수사슴으로 변한다. 숲은 검은 물. 별들이 계곡으로 쏟아지면서 분별이 사라진다. 하늘은 무색의 물로 칠한 땅. 사슴이 가만히 물소리를 듣는다. 낮은 곳으로, 더 낮은 곳으로, 하는 것 같다. 타락한 아담과 이브처럼 폭포는 가장 낮은 곳으로 떨어진다. 아무도 듣는 사람이 없으면 폭포 소리는 없는 것과 같다. 우주가 다 가라앉은 검정의 고膏. 그 암흑을 깨트리는 한 줄기 추락. 요기妖氣의 흰 빛. 폭포는 가장 낮은 곳에서 주름을 만들면서 다시 평평해진다. 물을 마신다. 발을 적셔본다. 주름을 만들면서 잔잔해진다.

칭클챙클

"You won't gallop any more, Alan."
—Peter Shaffer, 『Equus』

　어느 날 너는 아프지 않게 되겠지. **칭클챙클**에서 풀려나 거리를 활보하겠지. 많은 층계가 있는 회사에 다니게 되겠지. 아버지가 되겠지. 주식을 해서 돈을 얻거나 잃겠지. 너는 모든 것을 잊어. **칭클챙클**을 입에 물고 말이 되어 하늘을 달린 것을 잊겠지. **칭클챙클** 사이로 흘러내린 침에서 비밀의 꽃이 핀 것을 잊겠지. 비일상의 갖가지 부호符號들이 돋아난 것을 잊겠지. 오랜만에 아이들과 수영을 하거나 축구를 하고 나서 곯아떨어지겠지. 미열 속에서 너는 더는 고통이 없다는 것을 이상하다고 여길지 몰라. 다행이라고 여길지 몰라. 너는 너의 관객을 갖게 돼. 너는 너의 관객에게 말해. **칭클챙클**이 사라진 입으로. 너는 행복에 겨워 가끔 내 걱정을 할지 몰라. 너는 질주하지 않게 되겠지. 더는 아프지 않게 되겠지.

장이지 | 시인. 2000년 『현대문학』으로 등단.

현대시작품상 추천 우수작을 읽고

바깥의 시간과 기억

안지영

장이지 시의 궤적은 단순하지 않다. 심지어 한 시집 안에서도 그렇다. 상실감에 휩싸인 유년의 기억이 서정적으로 읊어지다가 생경한 사회 문제의 단면을 급격히 노출하는 거친 목소리가 들려오기도 한다.「플랫」연작처럼 평평해지는 시간에 대한 날카로운 문화비평적 시각이 돋보이는 시가 있는가 하면, 유리알처럼 맑은 이미지들이 묘사되다가 유머러스한 농담으로 분위기가 일순간 전환되기도 한다. 불교의 영향을 받은 도저한 허무주의와 라이트노벨이나 PC게임 같은 서브컬처의 흔적과 더불어 음악과 영화에 대한 레트로한 취향이 반영된 독특한 분위기의 시도 적지 않다. 장이지는 그야말로 거의 모든 것을 시로 생산해내는 기계 같다. 시와 시 아닌 것을 부지런히 뒤섞는 실천을 도모하며, 자신이 낼 수 있는 다양한 음색을 실험 중인 듯하다. 그의 시는 시인이 체험한 사건들을 중심으로 기존의 장르와 사조 등이 재구축되는 현장이다. 2000년에 등단한 시인에게 아직도 이런저런 시를 모색 중인 것 같다는 평가가 다소 실례가 아닐까 싶기도 하지만, 그것이 장이지 시의 본질이라는 생각이 드는 것은 어쩔 수가 없다.

그 이유로 장이지가 뭐든 꼭 자기 몸으로 겪어 봐야 직성이 풀리는 인간이기 때문은 아닐까 추측해본다. 남들이 정해놓은 '시적인 것'을 둘러싼 규범, 관습, 인식 따위가 존재하지 않는 것은 아니지만, 그것을 자신이 직접 시로 부딪쳐보기 전까지는 자신의 것이 아니라고 생각하는 고집 혹은 습성 때문에 자신의 방식을 밀어붙이고 있는 것은 아닐까. 이와 더불어 또 하나 신기한 것은, 그렇게 자신의 방식대로 써 내려가면서도 시를 자신의 소유물이라고 생각하지는 않는 것 같다는 점이다. 장이지 시에 나타난 시적 주체는 어떠한 감각이나 정동을 모으는 작업을 위해 '시'라는 도구를 사용하고 있는데, 시적 주체조차도 이러한 작업을 하기 위해 목소리를 빌려주는 매체에 불과해 보인다. 그래서인지 「속속들이는 알 수 없어도」 같은 작품을 읽으면 이런 상상을 하게 된다. 이 시의 시적 주체가 아무것도 걸치지 않은 채 철저히 벌거벗고 있을 것만 같다는 상상이다. 그렇게 세계와 피부로, 맨살로 소통을 하고 있기에 자신이 세계의 일부라는 사실을 실감할 수 있는 것이 아닐까.

> 이상하다. 나는 내가 그 큰 새라고 느낀다.
> 내가 그 큰 벌레라고 느낀다.
> 내가 나무이고 밤의 들판이고
> 소리의 알이라고 느낀다.
>
> ―「속속들이는 알 수 없어도」 부분

우리가 모든 것을 알지는 못한다 해도, 모르지만 어딘가 알 것 같은 느낌에 대해서는 말할 수 있다. 그때의 앎이란 인식이라기보다는 감각이라 할 수 있겠다. 인식의 바깥, 인간의 바깥, 시간의 바깥에 존재하는 것들의 '있음'에 대해 감각하기 위해 시인은 자신을 내려놓고 세계를 감각한다. 세계를 속속들이는 알 수 없다는 겸손함으로 시적 주체는 재현하는 자, 세계를 응시하는 자로서 자신이 서 있는 우위를 자꾸만 깎아내리려 한다. 서정시의 자아가 세계를 자신의 내면에 용해시켜 세계를 자아화 시킨다는 혐의를 받고 있음은 주지의 사실이지만, 그렇다면 그 이후에 어디로 가야 하는지 너무 좁은 길을 열어놓은 것은 아닌가 하는 생각이 든다. 서정시라는 장르 자체를 폐위시킴으로써 그것이 아닌 형태로만 시가 정형화될 수 있는 위험도 경계했어야 하지 않을까. 그러고 보면 장이지의 시적 실험은 서정시가 걸어온 도정들을 자기 몸으로 겪어내면서 굳이 '서정시'의 반작용만을 고수할 필요가 없음을 알려주는데, 이러한 과정에서 그간 서정시의 '자아'가 근대적 개인(individual)에 갇혀 있던 것이었음을 반성하고 세계와 더불어 '나누어질 수 있는' 존재에 대해 탐구하게 된 것이 아닌가 한다.

그의 첫 시집 『안국동울음상점1.5』에 이미 「분자」라는 시가 실려 있다는 데서 이에 대한 고민이 꽤 오래된 것임을 짐작할 수 있다. '개인'이 '나누어질 수 없는' 불가분의 존재로 '진정한 나'가 있다는 진정성 담론을 작동시키는 행위자라면, '분인'은 관계마다 각기 다른 '나'가 출현할 수 있다는 점을 긍정한다는 점에서 '나'를 나누어질 수 있는 존재로 보는 태도에 근거한다. 이에 대한 히라노 게이치로의 말을 덧붙이면, "한 명의 인간은 여러 분인의 네트워크이며, 거기에 '진정한 나'라는 중심 같은 것은 없다."[1]는 것이다. 그러니까 우리가 세계를 자아화 한다는 혐의로 서정시를 비판할 때, 그 핵심은 그 자아가 근대적 개인주의에 갇혀 '진정한 나'를 대리보충하기 위해 세계를 동원하는 데 그친다는 것이지, 세계를 인식하고 감각하는 주체의 존재 자체를 부정해서는 안 되는 것이다. 인간 주체가 목적이나 정점이나 중심 따위는 아니지만 세계를 보고, 듣고, 사고하는 것을 그만두어서는 안 된다. 주체가 없으면 객

---

[1] 히라노 게이치로, 이영미 옮김, 『나란 무엇인가』, 21세기북스, 2015, 14쪽.

체도 없다. "아무도 듣는 사람이 없으면 폭포 소리는 없는 것과 같다."(「Waterfall—센주 히로시(千住博)」)

그러니 재현의 폭력에서 벗어나 서정시를 사유하기 위해서는 자아 역시 세계와 피부를 맞대고 다기한 관계를 맺는 존재라는 데 주목해야 한다. 어쩌면 이를 통해 '진정한 나'라는 악무한의 해독제를 발견할 수 있을 것이다. 장이지의 시에 비치는 "조금은 옅어진 그림자"(「속속들이는 알 수 없어도」)는 시인이 폭력적이지 않은 세계와의 관계 맺음을 위해 자신을 낮춤으로써 얻게 된 태도와 관련된다. 아울러 이러한 수행이 완전한 허무로 귀결되지 않는 데서 그의 시가 희미한 빛을 발하게 된다는 점을 언급해 두고 싶다. 그것은 존재의 고갱이를 이루는 기억과 관련된 특정한 이미지로 출현한다. 그림자가 아무리 옅어져도 완전히 사라지지는 않는 것처럼, 바깥에 존재하는 것들의 있음을 감각하면서도 우리는 그 바깥에 도달하지 못한다. 해서 시인은 비 오는 날 수족관에 가서 해파리를 보며 "읽을 수 없는 몸짓으로, 언어의 바깥에서, 언어의 빛이 닿지 않는 곳에서, 붉타오"(「뭍 어머니」)르는 것을 느끼다가도, 그 형체를 "한 소년이 함께 온 어머니의 치마를 잡고 흔든다. 어머니는 아들의 손을 꼭 잡아준다."라는 기억-이미지로 변환시키는 것이다. 닿을 수 없는 바깥의 주위를 돌며 "없는 것을 드리겠다고/ 없는 것을 드리겠다고" 가슴을 치며 서러워하는 것이다.

우리의 삶은 닿을 수 없는 장소를 향해 손을 뻗으며 공전하는 것일 따름이다. 그러니 그와 동일한 기억을 소유하고 있지 않아도 그의 시를 읽으면 당신 역시 함께 서러운 마음이 들 것이다. 바깥에 있는 기억을 더듬으며 희미하게 불타오르고 싶은 마음이 될 것이다. 조금 희미해지고, 조금 겸손해질 것이다. 詩

안지영 | 문학평론가. 서울대 국문과 박사 과정 졸업. 2013년 『문화일보』 신춘문예 당선. 저서로 『천사의 허무주의』와 『틀어막혔던 입에서』, 역서로 『부흥 문화론:일본적 창조의 계보』(공역)이 있다.

● 추천 우수작

김경인

_반반
_친구의 집
_배송
_서정
_잠의 아름다운 형태들

현대시작품상 추천 우수작 5 / 김경인

반반 외 4편

양념 반 프라이드 반은
가장 아름다운 조합
모가지와 다리가 평등하게 잘려 버무려지고
바싹하게 튀겨져 목구멍 너머로 꿈결처럼 사라지는 날개들
반반은 내가 아는 최초의 얼굴
자정에 얼굴을 가리면 반은 여자고 반은 남자라는
반반은 내가 아는 가장 유쾌한 비밀
오른뺨은 어둠으로
왼뺨은 희미한 빛으로 서로를 향해 아코디언처럼
부풀다 터지는 울음 주머니
반반은 그러니까, 제법 슬픈 주름
내려가도 끝이 없는 계단
오른쪽과 왼쪽 사이좋게 닳아가는 무릎들
1월과 7월의 달력에서
따로 따로 죽은 채로 발견되는 너무 작은 신들의 이름
정성껏 고를수록 실패하는 선물들
그러니까 반반은
내가 출근 할 때 두고 오는 그림자들
너는 정말 시인 같지 않아,
동료들이 이런 말로 나를 칭찬할 때

나대신 술 마시고 욕을 하고 울며 시 쓰는 하찮은 마음들
한 짝은 고독 쪽으로 한 짝은 환멸 쪽으로 팽개쳐버린 구두
반반하게 낡아가는 심장들
너는 정말 시인 같지 않아,
내가 무심코 시집을 펼칠 때

친구의 집

가을에는 친구의 집에 있었다
친구 없는 집에서 오래된 음반을 틀고
흰 우유를 데워 마시면서
내 친구를 나인 듯 사랑하라고?
누군가의 밑줄을 다시 꺼내 읽었다
그 집 창문에 구름이 다 사라질 때까지
어른거리며 흩어지는 마음을 쥐었다 폈다
팔을 길게 휘저어 골똘히 닦으면서
그런데 친구는 어디에 갔을까
저물 무렵 굴속에서 뛰어나오는 토끼처럼
어둠 속에서 불쑥 튀어나오는 생각에게
내 얼굴에 미처 익숙해지지 못해
잠을 따라 들어와 물끄러미 비추는 거울에게
친구답게 인사하는 법을 익히고
생각 속으로 들어간 것이
산토끼인지 죽은 토끼인지 궁금해 하며
가을볕 아래 토끼털처럼 제법 따뜻해져가는 친구의 집에서
손톱과 발톱이 자란다
오늘은 거울 앞에서 웃음을 설탕처럼 입술에 묻히기
친구의 카디건을 입고서 다정하게 이야기하기

그런데 우리는, 언제부터 친구인 걸까
물음표처럼 자꾸 구부러지는 몸을 펴고
의자에서 일어나자
누군가 문을 두드렸다
문밖에는 내가 서 있어
나는 드디어 친구처럼
나를 활짝 끌어안았다

배송

─ 필요한 건 없었다
  여기, 세간을 다 버리고
  이제 나만 남았으므로

  상자는 그럴 때 도착한다
  엄마가 보낸 상자가
  낯선 소리를 사방에 흘리고 있다

  상자 속에서 번개가 친다
  닫힌 귀들이 드높이 추켜올린 깃발과
  틈을 노리며 뱀처럼 기어 나오는
  확성기를 든 노여운 입술들

  어쩌면 좋아, 저 무거운 상자를

  소나무는 참 한결같다더군
  무릎 아래 어린 잡목들이 영영 자라지 못한다고
  싹 다 죽인다고

  엄마, 내겐 빈 상자가 필요해요

그래도 어쩌겠니, 내겐 이게 전부인 걸.
백년 묵은 소나무처럼 엄마는 자꾸 진물을 흘린다

너희가 아는 것은
 다 가짜, 가짜다아아앗,
이리저리 뛰어다니며 다 더럽히고 나서야
그것은 겨우 빈 상자가 되었다

빈 상자에 나는 구겨져 들어갔다
이번에도 맞지 않아, 나는 투덜투덜
넘치는 손목과 삐져나온 발은 잘라 내던지고
내 목소리만 겨우 집어넣고서

피는 잘 닦고 갈게요
상자는 착불로 보내주시고요
나머지는 아무 데나 버려주세요

새로 올 세입자에게 메모를 남기고
나는 꿈에서 빠져나왔다

서정

― 바닷마을에 갔었네
  사랑하려고
  겨울 한껏 낮아진
  겸손한 지붕들을 돌아 나오다

  보았네

  멀리서
  푸른 하늘 아래
  순한 슬픔처럼 나부끼는
  희디흰 빨래들을

  나는 천천히 다가갔지

  수백 오징어들이 줄줄이 꿰여
  하얗게 말라가고 있었네

  오장육부가 능숙하게 도려내진 채
  전시되는 투명한 내부

\- 저 멀리 아름답고

가까이서 보면

참혹 뿐인

잠의 아름다운 형태들

'죽음의 아름다운 형태들을 사랑하는 사람으로서'
— 후아나 비뇨치 「관계의 삶」 중에서

실수로 너의 밤을 밟았어. 신발이 무거워졌어. 진물 흘리는 밤이 나를 안았어. 나는 무엇이든 다 믿을래. 잠든 공터야, 나는 어제부로 꿈에게 해고 당했어.

낳았어. 거짓말이 아니야. 했어. 너랑 말고. 나 혼자랑. 절망의 잘생긴 이목구비를 봐. 고백이 아니야. 공터를 혼자 뛰는 무거운 발자국아, 나는 목소리와 목소리 사이에서 덜 말하는 입술만 가지고 왔어.

실수로 너의 밤에다 연필 한 그루 심고 왔어. 뾰족한 연필심에다 나를 꽂아두고 왔어. 피 흘리는 첫 페이지야. 내가 짠 피로 쓴 첫 글자의 생애야.

실수로 너의 밤을 잠갔어. 잠의 꼭짓점을 한껏 늘려서 거기에 대가족을 걸어두고 왔어. 대걸레로 얼굴을 밀자. 얼굴 위에 고집스레 남겨둔 세간을 싹 치우자. 야호, 꿈이 빈 얼굴을 돌려주었어.

실수로 너의 밤을 훔쳤어. 베개가 무거워졌어. 나는 물에 잠긴 알약이야. 날이 잘 선 어둠아, 나를 싹둑 싹둑. 젖은 이파리처럼, 귀처럼, 너는 돌아 눕는다.

김경인 | 시인. 2001년 『문예중앙』으로 등단.

현대시작품상 추천 우수작을 읽고

'반반'의 존재미학

안지영

　최근 출간된 『일부러 틀리게 진심으로』까지 세 권의 시집을 상재한 김경인의 시에는 이질적인 것들이 한 올 한 올 직조된 오밀조밀한 무늬들이 펼쳐져 있다. 시인은 화려한 이미지들이 격렬하게 목소리를 높이는 떠들썩한 풍경 대신 마음의 등고선을 따라 자신만의 지도를 만들어가며 일상에 깃든 낯설고 환상적인 것들을 재발견해왔다. 이는 기존 서정의 문법에서 벗어나 의식보다 무의식, 현실보다는 꿈과 환상 쪽에 방점을 두기 시작한 2000년대 이래의 흐름 속에서 이해된다. 특히 김경인의 경우 비인칭의 세계를 탐구하면서도 대상에게 다시 '이름'을 부여하며 시적 주체를 다시금 현실로 불러들이는 작업을 해 왔다. 그녀의 시에서 주체는 기각당했다가도 다시 정립되면서

짜이고 풀어내고, 키우고 잘라내는 과정들을 반복한다. 정체성을 부정하는 데서 멈추지 않고 그것을 재구성하는 힘을 발견함으로써 타자를 환대하는 데까지 나아가고자 한다.

그런데 환대에는 폭력적이고 고통스러운 측면이 없지 않다. 환대가 요구하는 대가에 대해서는 침묵하거나 대수롭지 않게 여기는 진술은 허공에 붕 떠 있는 약속들이 쉽다. 타자에 대한 환대를 당연한 책무로 인정해버릴 때, 알면서도 그것을 행하지는 않는 주체들과 그렇지 않은 주체의 차이를 설명하기가 어려워진다. 문학의 사회적 책무가 강조된 시에서 우리가 느껴온 답답함은 이러한 균열을 슬쩍 봉합한 채 당위만을 반복해왔기 때문인지도 모른다. 미학적이거나 혹은 윤리적이기만 한 시들은 타자의 가능성을 과대평가하면서 그것이 어떠한 위험을 수반하는지 모른 척한다. 그런 점에서 우리가 기억해야 할 것은 환대에 앞서 애도가 행해져야 한다는 점이다. 적어도 김경인의 시에선 그렇다. 애도는 환대의 불가피성을 전제하는 행위로서, 김경인의 시에서 죽음이 차지하는 위상을 찬찬히 되짚어야 하는 이유이기도 하다. 김경인의 시적 주체가 환대가 불가능해지는 상황을 불편해하면서 어떻게든 최소한의 주체의 자리를 유지하려는 것은, 이 세계에서 보호받지 못하는 어리고 여린 존재들의 죽음을 애도하는 절절한 마음 때문이다.

「배송」에 나오는 상황을 살펴보자. 이 시에는 기존에 알던 것을 철저히 부정하고(*"너희가 아는 것은/ 다 가짜, 가짜다이앗,"*), 타자에게 자리를 내어주기 위해 자신의 일부를 포기하면서(*"넘치는 손목과 삐져나온 발은 잘라 내던지고"*) '나'에게 최소한의 자리만을 부여하려고 하는 장면이 나타난다. "백년 묵은 소나무"에 비유되는 '엄마'는 가벼워지려는 시적 주체를 자꾸만 무겁게 채우는 존재로 그려지는데, 엄마의 요구에 따르게 되었을 때 "무릎 아래 어린 잡목들이 영영 자라지 못"하게 될 것이라는 사실 때문에 '나'는 "빈 상자"와 같은 주체가 되기를 포기할 수 없다. 해서 '세입자'가 될 다음 사람의 자리를 비워놓기 위해 시적 주체는 자신에게 최소한의 면적만을 허용하려고 한다. 그것이 나에게 희생("피")을 요구하는 것일지라도 마다하지 않는다. 시적 주체는 자신이 독야청청한 굳센 한 그루의 소나무가 되어 버릴 때 다른 연약한 존재를 압살해버릴 가능성을 저어하는 것이다.

김경인의 세 번째 시집 제목을 가지고 그 의미를 음미해보면, 이것은 기존의 질서를 해체하면서('일부러 틀리게') 행해지는 것이되 동일성을 지닌 일정한 주체의 형상을 전제로('진심으로') 한 것이라고 말할 수 있다. 그러니 「잠의 아름다운 형태들」에서 "실수로"라는 표현이 반복되는 것은 우연이 아니다. "실수로 너의 밤을 밟았어.", "실수로 너의 밤에다 연필 한 그루 심고 왔어.", "실수로 너의 밤을 잠갔어." 이처럼 김경인은 어떠한 의식, 이념, 필연으로 환대에 대한 주체의 진심이 구성되는 것을 피한다. 오히려 "꿈의 빈 얼굴"을 다시 되돌려 받기 위해 "뾰족한 연필심에다 나를 꽂아두고" 억압된 글자들이 솟아오르게 한다. 이러한 상황은 「친구의 집」에도 나타난다. "내 친구를 나인 듯 사랑하라"는 "누군가의 밑줄을 다시 꺼내 읽"으며, 그것이 어떠한 의미일지에 대해 체득해가는 시간을 필요로 한다. "물음표처럼 자꾸 구부러지는 몸"이 아니면, "내 친구를 나인 듯", 그러면서 동시에 '나를 내 친구인 듯' "활짝 끌어안"을 수 없기 때문이다. 시인은 자신의 진심을 빌미로 애도해야 할 타자의 죽음을 조급하게 처분하지 않는다. 타자가 자신들의 입으로 말할 수 있게 될 때까지 아주 느린 속도로 기다린다. 이것이 김경인 시에서 애도와 환대를 같이 이야기해야 하는 이유다.

마지막으로 「반반」을 보면, 20여 년간 시력을 이어온 시인이 '시인답지 않다'는 칭찬을 듣고 있는 상황이 그려진다. 시인의 동료들이 '시인다움'을 어떠한 의미로 사용하고 있는지를 짐작해보면, "나대신 술 마시고 욕을 하고 울며 시 쓰는 하찮은 마음들"이란 안 보이는 곳에 치워둬야 하는 부끄러운 것으로 취급받는다는 것을 알 수 있다. 즉 시인답지 않다는 '칭찬'은 그것이 무난하게 일상의 규격에 자기 자신을 짜 맞추라는 온건한 명령일 수 있다. 한데 시인은 '시인다움'이라는 부적합하고 낡은 틀에 적극적으로 영합해야 한다는 의미에서가 아니라, 오히려 우리에게 우리 자신도 알지 못하는 텅 빈 얼굴이 있다는 것을 인식해야 한다는 의미에서 '시인―임'을 긍정하려 한다. 산술적으로 환원되어 버릴 가능성을 감수하고서 시인이 '반반'이라는 표현을 쓴 데는 대립적인 것으로 이해되어온 두 항이 서로 하나로 어우러질 때 빚어지는 아름다움에 대해 말하기 위함인 것이다.

  푸코는 고대 그리스인에게서 자신을 배려하며 능동적으로 자기를 구성하는 미적이고 윤리적 주체의 가능성을 발견하려 했고, 이를 통해 개별자가 자신의 도덕을 스스로 만들어내면서도 동시에 보편성을 띨 수 있다는 점을 입증하고자 했다. 김경인의 시를 읽으면 타자가 부과하지 않은 자신만의 기율을 만들어나가는 존재미학이 그려진다. 누군가에게 억압당하고 누군가를 억압하지 않는 존재가 되기 위해 자기를 섬세하게 조정해가는 모습은 지극히 아름답고 그만큼 윤리적이다. 김경인은 시인이 어떤 존재인지에 대해 탐문하며 시를 읽는 우리의 마음이 무엇을 원하는지에 대해 이야기한다. 무턱대고 통일시키려 하지 않는 것, 그러면서도 각자의 욕망과 존재 그 자체를 평등하게 인정하는 것은 '시적인 것'의 본질이기도 하다. 명사형이 아니라 동사형으로 존재를 이해함으로써 자기 안에 우글대고 있는 무수한 이름들을 사랑할 수 있다. 이것이 우리가 김경인의 시를 읽는 이유일 테다.詩

안지영 ǀ 문학평론가. 서울대 국문과 박사 과정 졸업. 저서로 『천사의 허무주의』와 『틀어막혔던 입에서』, 역서로 『부흥 문화론 :일본적 창조의 계보』(공역)이 있다.

● 추천 우수작

이현승

_사물의 깊이를 어떻게 만들어낼 것인가
_플랜 B
_자각 증상
_마이닝 크래프트
_DEUS BENEDICAT TIBI CUNCTIS DIEBUS

사물의 깊이를 어떻게 만들어낼 것인가 외 4편

이기는 데는 우연한 승리가 있지만
지는 데는 우연한 패배가 없다는 말은
노무라 가츠야* 감독의 것이다.
그건 실패로부터 철저히 배우라는 뜻이고
실패가 그만큼 더 가까운 스승이라는 뜻도 된다.

가령, 죽을힘으로 뛰었으나 눈앞에서 전철을 놓쳤고
약속시간은 30분 후인데 배차간격은 15분일 때,
걷어낸다는 게 자책골을 넣은 수비수처럼
열차를 놓치기 위해 전력질주 한 다리는 아직 후들거리는데

지연이 만드는 지연 위에서
실패가 낳는 실패 속에서
지연에게 배우는 지연
실패에게 배우는 실패로
15분에게 15분은 잔혹하고 골똘하다.

더러 사소한 불운이 평범한 아름다움을 일깨우기도 한다.
얼이 빠진 철로 위로 가뿐하게 내려앉는 참새들
참새들이 노는 철로 위로 파랗게 열린 맑은 하늘

- 그런데 어디서 타는 냄새가 나는 거 같다.

* 노무라 가츠야(野村克也, 1935-2020). 일본 프로야구 선수. 감독. 칼럼니스트.

플랜 B

─ 건물주가 되고 싶은 게 그렇게 잘못인가요?
꿈도 없는 게 더 문제라면서요?
이런 건 꿈도 안 되나요?
인생에는 공짜가 없다거나
실패가 없으면 배우는 것도 없다는 식의
충고라면 사양하고 싶어요.
충고가 고충이에요.
건물주의 인생은 뭐 쉬울 것 같냐고 하시지만
고층 빌딩이어도 좋으니 건물주가 되고 싶어요.
요즘 애들 진짜 문제라지만
진짜 문제를 갖고 싶어요.
내 문제, 나만의 문제, 진짜 진짜 내 문제.
그도 아니면 요즘 애들이라도 되어 보고 싶어요.
문젯거리라도 좋으니
우선 존재는 하고 싶어요.
빚 없는 거지 같은 거 말고요,
빚이라도 좋으니 있어야 할 이유가 있는 거요.
존재하는 게 뭐냐고요?

간밤에 폭설이 내렸는데

- 빈 나뭇가지 위에 눈이 높게 쌓여 있었어요.
그토록 가느다란 가지 위에도 높게 눈이 쌓일 수 있다니

자각 증상

— 가장 뼈아픈 후회는
할 수 있었는데 하지 않은 것
2년 전에 혹은 4년 전에 혹은 그보다도 더 전에
그들은 *영혼까지 끌어모아* 집을 샀어야 했다.
하지만 결국 그러지 않았지.
하지만 그게 후회의 내용이 될 수 있을까?
혹자는 말하지.
할 수 있었지만 안 한 것, 그게 바로 못한 것이다.
마지막일 수도 있다는 걸 우리는 늘 알지만 또 몰랐지.
따뜻한 말 한 마디, 악수라도 건넬 걸,도 아니고
집을 안 산 것, 아니 못 산 것
그런 게 정말 후회가 될 수 있을까?
그땐 그래도 집이, 끌어 모을 영혼처럼 손에 잡힐 것 같았는데
지금은 집도 없고, 영혼은 도대체가 보이지 않을 만큼
뿌연 미세먼지와 스모그 사이로
좋아했던 사람들은 하나둘 떠나고
어느 날 툭 통증이 하늘에서 떨어졌다.
죽을 만큼 아픈 건 아니지만
내내 신경이 쓰이고 거슬리고 괴로운,
약도 없고 원인도 모르는 해괴한 병 아닌 병들.

통증으로만 존재하는 병들은 일종의 경고 같다.
꼼짝없이 서서 뒤돌아보게 만드는 경고.
그래서 생각해 본다.
집을 사는 것보다 골몰했던 영혼을 쏟아부었던 일들.
아직 사십대인데, 오십견이라니.
어깨가 아프니 손이 올라가지 않고
아픈 어깨를 주무르다 생각하니
그때 손이라도 잡아줄 걸 지금은 없는 사람을 두고
제 손이나 주무르고 앉아 있다.

마이닝 크래프트

― 모든 코골이에겐 그걸 듣는 누군가가 있지.
나란히 누워 굿나잇 했는데 곧장 코고는 소리가 들린다면
이번 여행에서 그 누군가는 당신 자신이겠지만
고막을 찢을 듯이 코를 골다가 갑자기 고요해지면
이번에는 깜짝 놀라 벌떡 일어나야 하겠지만

코를 고는 쪽이든 듣는 쪽이든
반드시 하나를 선택해야 한다면
어느 쪽이 덜 피곤할까 궁리해 보겠으나
어느 쪽이든 잠의 깊이는 비슷할 것이다.
그리고 이따금 제 콧소리에 놀라 깬다는 건
아무도 없는 불 꺼진 기차역에 혼자 내린 기분.

자다가 죽는다면 오복중의 복이라는 웃지 못 할 농담도 있지만
수면무호흡은 중죄인의 보석을 허락할 만큼 무서운 병인데
초저녁에 곯아떨어졌다가 인기척에 깼더니
다섯 살 난 딸아이가 내 얼굴을 빤히 들여다보고 있을 때
나는 부끄러움에 발을 내딛어야 할지
위로와 안도에 손을 내뻗쳐야 할지

나는 왜 코 고는 소리를 들으면
자꾸만 땅굴을 파는 소리처럼 느껴질까.
코고는 소리에 잔뜩 집중하고 있는 딸아이의 표정은
아빠 너무 멀리 가지 마, 하고 말하는 것 같다.
나는 도대체 갱도 어디쯤까지 다녀온 것일까.

DEUS BENEDICAT TIBI CUNCTIS DIEBUS*

― 외출이 내키지 않았는데 약속이 취소되었다.
발열과 기침 같은 자각 증상이 없는데
사회적 거리두기와 자가 격리가 유지되는 삶

이 시원섭섭한 시대에는
유튜브로 생중계되는 결혼식이 있었고
알카에다처럼 마스크를 쓴 하객들이
신랑과 신부를 향해 박수를 보내는
인질극 같은 결혼식도 있었다.

34만 명을 죽이고 얻은
맑은 공기와 고요한 삶**

소매치기가 감쪽같은 솜씨로 안주머니를 털 듯
인간들이 웅성웅성 두리번거리는 사이에
벚꽃이 있던 자리엔 버찌가 매달려 있다.
그 아래로 간밤에 유령들이 남겨 놓고 간 술병 가지런하다.

* 신이 언제나 그대를 축복하기를.
** 2020년 5월 기준.

이현승 | 시인. 2002년 『문예중앙』으로 등단.

현대시작품상 추천 우수작을 읽고

시차의 미궁

조강석

"사물의 깊이를 어떻게 만들어낼 것인가?" 하고 이현승 시인은 묻거니와, 그의 시를 읽는 독자는 사물의 깊이를 응시하는 시의 깊이는 어떻게 만들어내는가를 생각해보게 된다. 깊이는 시차視差의 소산이다. 평면을 일으켜 세우는 것이 양안兩眼의 시차다. 최근 이현승의 시의 깊이 역시 바로 이 시차로부터 비롯되는 것으로 보인다. 바로 그 시…….

　　이기는 데는 우연한 승리가 있지만

지는 데는 우연한 패배가 없다는 말은

노무라 가츠야 감독의 것이다.

…(중략)…

걷어낸다는 게 자책골을 넣은 수비수처럼

열차를 놓치기 위해 전력질주 한 다리는 아직 후들거리는데

…(중략)…

참새들이 노는 철로 위로 파랗게 열린 맑은 하늘

그런데 어디서 타는 냄새가 나는 거 같다.

─「사물의 깊이를 어떻게 만들어낼 것인가」부분

"이기는 데는 우연한 승리가 있지만/ 지는 데는 우연한 패배가 없다는" 노무라 가츠야 감독의 말이 밑그림이자 첫 번째 시선으로 시에 우선 안쳐진다. 이 말 자체의 함의도 독자로 하여금 여러 가지를 생각하게 한다. 아마도 독자 각자가 지닌 고유의 경험들이 시의 도입부에 놓인 이 명제에 조응하는 양상을 충분히 짐작해볼 수 있겠다. 이 논리의 연장선을 따라 여러 노선들이 평면 위에 펼쳐질 수도 있을 것이다. 아마도 그 실례 중 하나가, 혹은 대표단수가 "죽을 힘으로 뛰었으나 눈앞에서 전철을 놓"친 체험과 관계될 것이다. 만약, 이 사건으로부터, 역시 지는 데는 우연한 패배가 없다는 말을 확인하고 태도를 강화하는 것으로 사태가 귀결된다면 성찰적 시를 하나 보태는 것으로 만족할 수밖에 없을 터이다. 물론 이 자체로도 우리는 꽤 먼 데까지 도달할 수 있다. 그런데 이현승은 내닫는 시인이 아니다. 그는 오히려 사태를 한 번 접는 데 능한 시인이다. 야구 감독의 말에 축구의 예를 드는 것이 어떨지 모르

나—이 자체가 이미 한 번 접는 것일진대—질주가 아니라 한 번 접음으로써 확보되는 시야가 있다. "열차를 놓치기 위해"라는 대목을 이 시의 전반부의 논리가 한 번 접히는 장소로 지정할 수 있을 것이다. 이 구절은 결과를 목적으로 치환함으로써 서두에 제시된 명제를 한 번 비트는 효과를 발휘하게 된다. 우리의 삶은 실패와 교훈이 축적되는 교과서가 아니다. 실패와 복기가 아니라 두려움과 설렘과 후회와 망설임의 연쇄 속에 우리는 매번 휘말린다. 이 구절은 이를 적시한다. 결과와 목적 사이에 전도된 인과관계를 부여함으로써 실패로부터 배우라는 조언은 이제 비로소 조금 더 복잡한 시적 상황 속으로 이끌리게 된다.

안타깝게도 여전히 많은 시가 성찰적 지혜에 설명적 첨언을 하는 데 그치곤 하지만 그것이 시의 주된 업무는 아닐 것이다. 시적 언어의 소관은 오히려 이런 성찰의 말들을 다각도에서 살펴보며 거듭 사유의 계기를 창출해 내는 것인데, 이현승의 시를 조금 더 세세히 들여다볼 필요도 여기서 발생한다.

우리는 시에 제시된 첫 번째 명제와 일상의 경험이 길항하기도 하고 어긋나기도 하는 현장을 그의 시에서 종종 발견할 수 있다. 중요한 것은 그의 시에 세 번째 계기가 준비되어 있다는 것이다. 두 시선의 교차와 대립이 시에 확장된 평면을 보증한다면 세 번째 시선은 눈앞의 사건들을 구체성과 보편성이라는 또 다른 저울 위에 올려놓음으로써 깊이를 만든다. 바로 그런 의미에서, 앞서 인용한 시의 마지막 대목을 시적 풍크툼punctum으로 읽을 수 있을 것이다. "열차를 놓치기 위해"라는 구절이 시의 평면적 확장을 중단시키고, 논리를 한 번 접음으로써 사유의 공간을 열어놓는다면, 마지막 대목, "그런데 어디서 타는 냄새가 나는 거 같다"라는 구절은 시차가 열어놓은 공간에 고유성을 새긴다. 달리 말하자면 눈앞의 사건을 성찰적 조언으로부터 구제하여 구체적 보편성의 지평 위에 올려놓는다는 것이다. 우리의 삶은 항상 실패로부터 배운다는 성찰적 조언 너머에 있다. 마지막 대목의 "타는 냄새"는 지혜로운 말들의 위로로 잠시 덮어놓은 불씨가 되살아남으로써 비롯된 것이다. 질문 하나. 그러니 실패로부터 배우란 말인가, 배우지 말라는 것인가? 이 성급한 질문에 용해되지 않는 잔여물, 바로 그것이 시적 풍크툼이다.

상식과 교양과 말끔한 명제로 정돈되거나 해소되지 않고 여전히 우리의 눈을 찔러오는 대목, 이현승의 시는 언제나 이 잔여를 지닌다. 아마도 이 잔여는 의도적으로 계획된 것이라기보다는 이현승 시인 특유의 '시적 기질'로부터 자연스럽게 파생된 것이라고 할 수 있겠다. 하나의 논리가 직진하는 것에 대한 미묘한 반감, 그것을 다시 논리로 풀기보다는, 바로 그 논리가 가장 적확하게 들어맞는 것으로 보이는 어떤 일상적 사건을 포착하여 양자의 어긋남에 대해 세심한 감각을 발휘하는 것, 그리고 이 어긋남이 작동시키는 사유의 공간을 벌여놓는 것 등이 이현승 시의 고유한 특질이라고 할 수 있겠다. 그의 시는 이즈음 일상적인 사건들을 주로 다루고 있는데 우리가 놓치지 말아야 할 것은 이때의 일상이 성찰적 결론을 위한 재료가 되거나 소소한 감상에 용해되는 것이 절대 아니라는 사실이다. 표면적으로는 일상에 대한 담담한 사색을 담고 있는 것처럼 보이는 시들이 자세히 들여다보면 들여다볼수록 거듭 논리의 전장을 벌여놓고 있는 것을 우리는 여러 시에서 확인할 수 있다. 근작시의 다음과 같은 대목들이 그 실례가 될 것이다. 지금까지의 설명을 염두에 두고 ①에서 ②를 거쳐 ③에 이르는 구조를 눈여겨보라.

(1) 「플랜B」에서
① 실패가 없으면 배우는 것도 없다는 식의/ 충고라면 사양하고 싶어요
② 우선 존재는 하고 싶어요

③ 그토록 가느다란 가지 위에도 높게 눈이 쌓일 수 있다니

(2) 「자각 증상」에서
① 가장 뼈아픈 후회는/ 할 수 있었는데 하지 않은 것
② 좋아했던 사람들은 하나둘 떠나고/ 어느 날 툭 통증이 하늘에서 떨어졌다
③ 그때 손이라도 잡아줄 걸 지금은 없는 사람을 두고/ 제 손이나 주므르고 앉아 있다

(3) 「마이닝 크래프트」에서
① 모든 코골이에겐 그걸 듣는 누군가가 있지
② 수면무호흡은 중죄인의 보석을 허락할 만큼 무서운 병인데
③ 나는 도대체 갱도 어디쯤까지 다녀온 것일까

(4) 「DEUS BENEDICAT TIBI CUNCTIS DIEBUS」중에서
① 사회적 거리두기와 자가 격리가 유지되는 삶
② 34만 명을 죽이고 얻은/ 맑은 공기와 고요한 삶
③ 인간들이 웅성웅성 두리번거리는 사이에/ 벚꽃이 있던 자리에 버찌가 매달려 있다

    이현승의 시에 고유한 이 구조는 시차에서 비롯되어 확증과 반론 양자에 걸치는 이미지를 포착하고 급기야 논리의 내포적 대립항을 통해 깊이를 생산한다. 앞서 언급했지만 이는 이현승 시인 특유의 시적 '반골' 기질과도 관계 깊다. 그는 포착된 것이 제 안에서 행세하게 두지를 않는다. 그의 시 전면에 둘러쳐진 일상의 베일을 떠들러 보지 않는 사람들은 발밑의 깊이를 모르고 지나친다. 그러나 그의 시는 섬세한 반동이며 은근한 깊이를 품은 논

리의 미궁이다. 그의 시에는 다이달로스와 아리아드네와 테세우스가 함께 살고 있다.詩

조강석 | 문학평론가. 연세대학교 국어국문학과 교수. 2005년『동아일보』신춘문예 당선. 비평집으로『이미지 모티폴로지』,『경험주의자의 시계』,『아포리아의 별자리들』,『틀뢴의 기둥』등이 있고 연구서로『비화해적 가상의 두 양태』가 있다.

● 추천 우수작

기혁

_나르키소스와 물고기
_팬터마임
_티라노 눈사람의 사랑
_스웨터
_장마와 원고

❝ ▎현대시작품상 추천 우수작 7 / 기혁 ▎

나르키소스와 물고기 외 4편

― 흐르는 물결 위에 글씨를 쓴다

또박또박
백지를 떠올리며 쓴 문장들이
손끝을 밀고 떠날 때

나는 그것이
허구를 향해 번져나가는
물고기 떼인 줄 알았다

서로의 아가미를 들락거리는
투명한 굴곡에 몸을 내맡기고서
타인의 속내로 직진해 온
햇살의 화창에 비늘을 반짝거렸다

물고기들은 사랑을 모르고 있으므로
촘촘한 이별의 은유로도 연민
가득한 비문으로도
그물을 만들 수 없었다

하구를 지나

까마득한 적도의 바다 한복판에서 문득
하다만 말들이
지느러미를 붙들 때
비로소 글씨와 함께 번져버린 한여름과
그 풍경 위로 떨어진 몇 방울
눈물을 기억한다 고백은

물고기를 모신 자들의 눈꺼풀 같은 것
뜬눈으로 밤을 지새우면
별빛의 고요에도 비린내가 난다

회귀하는 문장을 본 적이 있는가
망망대해의 어둠 속에서 보았던 폐허가
시냇가까지 따라온다

쓴다는 본능을 좇던 물결에 얼굴을 디밀고
더 이상 내 것이 아닌 상처들과
구겨진 삶의 필름을 어루만진다

사랑을 모르는 자의 표정으로
거울 속 죽음을 애도하는 것이다

팬터마임

— 사람들 사이에
선을 그으며 살아왔다

안쪽에서 볼 때 그것은 세상의
성곽 같았고
바깥쪽에서 보면 마임 배우가 기대고 있는
가상의 유리벽 같았다

한번 그어진 선은
밟지 않는 것이 불문율이었지만 감정의 안쪽으로 움직이는 동안
죽죽 그어진 생활이
더 많은 불안과 경계를 부추기고 있었다

때때로 새로운 선을 긋고
기존의 선들이 키워 낸 모서리들을
슬프게 바라보았다

모서리만 남은 인격을 참을 수 없어 떠나버린 친구
품에 안고 바라보다 보이지 않는
상처를 입은 연인도 있었다

부모와 형제마저 숨죽여
그들의 안부를 궁리할 무렵

마임 배우가 기대고 있는 저 유리벽이
진짜일지도 모른다고 생각했다

모서리의 궤적만이 빛나는 고립을
별빛이라 부를 때
사람들은 행운과 인연의 초상화 대신

자신의 동공에 몇 개의 별빛을 붙여 놓는다

무수한 선들이 퇴적된 밤하늘을 잊어버리고
부끄러운 이의 설렘과
떠나간 이의 순수를 제 것처럼 이야기하다 마침내
마지막 무게 중심을 모조리
타인을 향해 쏟아버리면

유리벽의 낭만은 조각난 흉기가 되어 날을 세운다

─　말 없는 웃음에도 슬픔이 있어 몸을 떠는가

　사랑은 온몸의 근육 하나하나가
　저마다의 방식으로 고독해지는 것
　생활의 중력을 거슬러 불가능한 미래를
　능청스럽게 내디딘다

　피 한 방울 흘리지 않는 별빛의 눈을 뜨고
　다시,
　당신의 모서리에 모서리를 맞춘다

티라노 눈사람의 사랑

한 생애의 틈새를 비집고 녹던 눈이
춤을 춘다
조명도 관객도 없는 가슴께에서
첨벙첨벙
발자국 하나 남기지 못하고
근육을 떤다

너는 공룡인데
이토록 가벼울 수가 없는데
사소한 식욕 하나가
자연사를 바꿀 수도 있는데
첨벙첨벙
제 눈물을 지층처럼 딛고 서서
어딘가 쌓였을지 모를
화석 따위를 상상한다

태초의 빙하기를 건니던 흔적들
눈이 내리면 무수한 발자국 소리가 들리고
어느 짝이 제 것인지
저마다 귀 기울이던 시절

―　마침내 육중한 뒷모습 하나가
　첨벙첨벙
　네게로 몸을 돌릴 때

　눈가에서 녹아내리던 진눈개비 조차
　저 차고 오래된 고독이
　청춘의 한 방식이었음을 기억한다

　눈도 사람도 공룡도 아닌
　그저 진창이라는 자조를 맞잡던 조상으로부터
　고백을 배웠다
　그들도 젖은 눈을 뭉치며
　그립다는 시늉을 주고받았을 것이다

　나도 공룡인데
　이토록 외로울 수가 없는데
　잊어버린 이름 하나가
　진창을 바꿀 수도 있는데
　첨벙첨벙
　녹아내린 공룡의 잔해 위로

6500만 년 전의 봄날이 쌓인다

생면부지의 얼굴을 붙들고 멸종된 인연을 수소문하던 지난날에도 가슴 속 담벼락엔 타인의 이름대신 공룡을 그렸습니다 첨벙첨벙 춤추는 마음은 간절했으나 썩지 않는 낙서가 더 큰 사연으로 남습니다 이별에도 육식의 감정이 있고 공룡 눈사람이 서 있던 자리마다 허기가 집니다 그립다는 목덜미는 숨이 끊어질 때에야 아름다운 냉기를 지녔습니다

사랑은 엄살이라는데
저마다 폐허가 된 사람을 품고서
공룡의 침묵을 배운다는데
첨벙첨벙
죽음도 애도도 없이
가슴과 가슴을 후비던 발톱은
아지랑이가 박힌 풍경이었다

스웨터

― 무슨 잘못을 저질렀기에
반론의 여지도 없이

혐의를 인정 하는가?

식기 위에서
하얀 턱시도의 옷깃에서
최고급 대리석으로 꾸며진
욕실에서
불결과 불순과 불온의 현행범으로 체포된
한 올의 털

가늠할 수 있는 무게도 부피도 없이
언제나 흩날릴 뿐인 피고에게
문명의 포승줄은 유죄를 선고한다

어째서 바람에 굴복했는가?
두 손가락의 힘과
중력에 반발하지 않았는가?

털들의 이데올로기를 가정한 판결문으로부터

집단 수용소가 꾸려지고
물과 공기와 비판과 햇살이
민주주의적 절차에 따라
비꼬아진다

일정한 길이와 굵기와 색깔을 지닌
털실은 이제 정치적 산물
뜨개질하는 마음마다
대의를 위한 의도가 따라다닌다

양이 맹수가 되면 좋겠다.
보글거리는 양털 속에 이빨을 감추고
어두워지는 모든 부끄러움을 씹어
삼키면 좋겠다.

간혹 당신의 스웨터가 말을 건다면
여백이 많다는 사실을 주의하라
가깝고 은밀한 신념에 털이 자란다는 사실도

어떤 털은 무덤의 주인보다 오래 더럽다

장마와 원고

一 폭우가 쏟아지는데
고작 모자의 둘레 따위를 생각한다
모자가 담게 될 예감과 상상력
뜻밖의 머리통들과 우주까지도
폭우가 쏟아질수록
모자의 둘레가 점점 더 은유로 늘어나고
은유로만 말할 수 있는
햇살과 그늘, 뜨거운 살갗의 온도가
나는 슬프다
우산 대신 모자를 쓰고
위태로운 둑방의 수위를 바라보다가
모자의 둘레가 허공에 떠 있다는
사실을 알았다
인부들은 모자의 색깔로 나를 부르곤
색깔보다 진한 경고와 욕설만을 남긴 채
통과해버렸다
아직도 폭우가 쏟아지는데
은유가 은유를 낳는 것은 비극이라고
소리치고 있는데 모자는
스스로의 둘레를 지니고 움직이기 시작한다

고작 폭우 때문에 자신을 불러들인
시인을 비웃으면서 영원히
비가 내리지 않는 화창의 저주 속으로
내가 가진 모든 백지를 감춰버린다

기혁 | 시인. 2010년 『시인세계』로 등단.

현대시작품상 추천 우수작을 읽고

시에서 구상성이라는 곶의 의미

조강석

　기혁은 입체적인 사유를 구상적으로 전경화하는 수일한 솜씨를 바탕으로 동년배들과의 차이를 만들고 세대를 구획 삼는 분류로부터 벗어나는 데 성공한 시인이다. 또한, 어쩌면 김수영의 표현처럼 '요염한 구상성'을 획득한 시인으로 우선 기억되어도 좋을 것이다. '현재에의 열정'(앙투안 콩파뇽)이 내면으로 침잠하려는 의지보다 늘 반 발 앞선 결과, 이미지와 주제의식이 정합적으로 개진되는 흥미로운 현장을 그는 선보인 바 있다.
　그런데 이즈음 기혁은 유동하고 있다. 흐르고 있다고 해도, 비정형화를 용인한다고 해도, 간극 속에 자꾸만 자신을 던지고 있다고 해도, 주저하고 있다고 해도 같은 말이 될 것이다. "흐르는 물결 위에 글씨를 쓴다"(「나르키소스와 물고기」)는 구절이 이런 사정을 단적으로 보여준다.

흐르는 물결 위에 글씨를 쓴다

　　또박또박
　　백지를 떠올리며 쓴 문장들이
　　손끝을 밀고 떠날 때

　　나는 그것이
　　허구를 향해 번져나가는
　　물고기 떼인 줄 알았다
　　　　　　　　　　　　―「나르키소스와 물고기」부분

　같은 시의 뒷부분에 "하구를 지나/ 까마득한 적도의 바다 한복판에서 문득/ 하다만 말들이/ 지느러미를 붙들 때"와 같은 구절이 엿보인다는 것을 감안하면 인용된 부분의 "허구"는 "하구"의 오타일 수도 있고-설마? 물론, '설마'조차도 납득 가능한 문맥이긴 하겠으나-허구로서의 하구를 지시하는 것일 수도 있겠다. 요지는, 흐름 속에서 손끝을 떠난 문장들이 닻을 올릴 때 예상했던 것과는 다른 풍경에, 그렇기 때문에 예상과는 사뭇 다른 허구로서의 하구에 가닿는다는 것이다. 바로 그 하구에서 세 가지 사건이 발생한다-물론, 동시병발이다. 첫째, "하다만 말들이/ 지느러미를 붙"드는 것, 이는 "그 풍경 위로 떨어진 몇 방울/ 눈물"의 소이가 된다. 둘째, "망망대해의 어둠 속에서 보았던 폐허가/ 시냇가까지 따라온다"는 것, 이 사실이 적시하는 바는 흐름이 실어 나른 것이 예상과는 달리 전개되는 문장만은 아니라는 것이다. 대체 문장의 여기가 폐허인가, 폐허의 여기가 문장인가? "쓴다는 본능을 좇던 물결에 얼굴을 디밀고/ 더 이상 내 것이 아닌 상처들과/ 구겨진 삶의 필름을 어루만진다"라는 문장은 직설적으로-이렇게까지 친절하지는 않아도 좋았겠지만- 이 시 전체의 심리적 하상을 드러내 보이고야 만다. 그러니 어쩌면 이 친절은 절박함의 소산이리라. 세 번째 사건은 나란히 서 있는 두 문장의 상호조응으로부터 발생한다. 이렇게 마주 세워 보자: "회귀하는 문장을 본 적이 있는가", " 사랑을 모르는 자의 표정으로/ 거울 속 죽음을 애도하는 것이다" 이것은 타고 남은 재가 기름이 되는 그런 순환이 아니다. 흐름에 실은 문장들과 더불어 폐허가 하구에 밀려온다. 폐허와 동행인 문장이 퇴적되면 그 자체로 다시 폐허다. 문장과 동행인 폐허가 바다로 풀려나면 카타르시스가 아니라 허공에 날리는 토로로 귀결될 것인바 그 경우 문장들은 끝내 손을 떠날 것이다. 앞서 마주 세운 두 문장이 관계적인 까닭은 두 문장이 이 덧없는 유로를 막아선 틈새 많은 방죽이기 때문이다. 하나, 자신의 것조차 무연하게 돌아보려는 태도 혹은 연습과 둘, 이 모든 사태를 겪고 비로소 회귀하는 문장은 아직은 무언가를 놓을 수 없다는 자세의 심리적 곳이 된다. (독자들은 이 곳에서 한숨을 돌릴 수 있다)

「나르키소스와 물고기」를 자세히 들여다본 것은 이 시의 심적 지형이 기혁의 최근작들의 구조적 축도가 되기 때문이다. 이를 테면, 다음과 같은 대목들은 지금껏 살펴본 바와 동일한 패턴의 사건들이다.

> 사람들 사이에
> 선을 그으며 살아왔다
> —「팬터마임」부분

> 한 생애의 틈새를 비집고 녹던 눈이
> 춤을 춘다
> —「티라노 눈사람의 사랑」부분

> 폭우가 쏟아지는데
> 고작 모자의 둘레 따위를 생각한다
> —「장마와 원고」부분

본격적인 작품론을 펼칠 상황이 아니므로 소략하자면, 이 사건들은 폐허만

쌓아온 시간의 척도 위에서는 동일 사건의 다른 양태들일 따름인데 이 흐름의 심리적 방어선은 예의 그 '요염한 구상성'이다. 기혁이 저 곳에 마련한 보루가 바로 이 구상성이다. 폐허를 나르는 흐름을 되돌려 "회귀하는 문장을 본 적이 있는가" 하고 묻는 순간과 동시에 탄생하는 이 구상성이 그의 진지다. (독자들은 여기서 다시 한숨을 돌린다) 어떤 발성은 그 자체가 본진이자 망루가 된다. 직정적 토로와 뒤돌아보는 후회가 모든 사태를 종결지을 위태로움을 품고 있다면 구상성은 다시금 전력을 수습할 최초의 최종병기가 된다. 기혁의 근작시들을 읽으며 심리적 곡예를 겪어본 독자들이라면 그가 이미지를 건사하고 있는 것이 왜 사건을 태우고 사건과 더불어 형해화된 문장들로 하여금 다시 물살을 거스를 근력을 얻게 하는 것인지를 이해하고 가슴을 쓸어내릴 수 있을 것이다. 그렇게 보자면 '티라노 눈사람'이라는 그럴듯한 역설적 이미지를 궁글린 끝에 도달한 다음과 같은 구절을 새로 시작된 원시로부터 타전해온 소식으로 읽고 싶은 것은 주저가 끝난 후를 읽고 싶은 바람 때문일 것이다.

> 사랑은 엄살이라는데
> 저마다 폐허가 된 사람을 품고서
> 공룡의 침묵을 배운다는데
> 첨벙첨벙
> 죽음도 애도도 없이
> 가슴과 가슴을 후비던 발톱은
> 아지랑이가 박힌 풍경이었다
> ―「티라노 눈사람의 사랑」 부분詩

조강석 | 문학평론가. 연세대학교 영문과 졸업 및 같은 학교 대학원 국문과 졸업. 2005년 동아일보 신춘문예 문학평론 당선. 저서로『이미지 모티폴로지』『경험주의자의 시계』『아포리아의 별자리들』『비화해적 가상의 두 양태』등이 있음. 현재 연세대학교 국어국문학과 교수로 재직 중.

● 추천 우수작

유계영

_잠이 우리에게 그렇게 하듯이
_눈딱부리 새의 관점
_호애친
_셔터스피드!
_거울에게 전하는 말

❝ ▎현대시작품상 추천 우수작 8 / 유계영 ▎

잠이 우리에게 그렇게 하듯이 외 4편

— 나무 타고 건너는 중입니다.
바다의 이름은 몰라요.
뚜껑이 없어요. 열렸어요.

'나는 죽었다' 하고 쓰면 세 글자 남습니다.
'나' 그리고 '기척'.
나체 그리고 뒤척 아니라요.

'바다를 건넌다' 하고 쓰면 '바다' 그리고 '건너다'.
파도를 두려워하지 않는 용맹한 뱃사공이 셋.
바다가 어떤 종류의 창문인지 확인하기 위해
길게 침 뱉어보는 난쟁이 뱃사공은 하나.
흔들리죠.
셋 그리고 하나.

나만 멀미합니까? 왜 괜찮아요? 하고 질문하면
끝까지 살고 싶은 마음이 남습니다.
건너편에 도착하자마자 하고 싶은 것이 있죠.

힘 뺄 거예요.

─ 여기서 못 하는 거. 의지로 가능한 거.
사람들은 왜 모르는 척 할까.
둘 중 하나가 나인 것과
셋 중 하나가 나인 게 다르다는 것.
그걸로 물결치는 것.

흠뻑 적셔놓고 온 베개는 잘 마르고 있을까요.
한때 우리를 즐겁게 했던 이름들이 있었는데.
맥컬리 맥컬리 컬킨 컬킨 같은 사람.
요한 요한슨 같은 사람. 정우정 같은 사람.
죽은 사람.
아버지 닮은 아버지 아닌 사람.
외로워서 외로워 말하는 사람.

바다 위를 건너갑니다.
함께 출렁이면 함께 멎어요.
'구덩이에는 미래가 웅덩이에는 오늘이 고여 있다' 하고 쓰면
뚜껑이 없어요. 열렸어요.
'구덩이' 오지 않고 '웅덩이' 가버립니다.
바다의 이름은 몰라요.

― 어디서부터 인간의 바다가 시작되는지 몰라요.

도착하고 싶은 곳.
한 사람이 힘 빼는 곳.

너머의 육지.
한 사람이 먼지 쌓인 피아노 뚜껑을 열었습니다.
여든여덟 개의 건반 중에서
이 옥타브 '솔'만 치고 다시 닫는 곳.
그 소리가 바다의 우리를 조금 흔들었습니다.

지금 막 흔들렸습니다.

머리 위엔 구름이 붐빕니다.

눈딱부리 새의 관점

— 1.

그때 우리는 한 사람을 위해 특별한 상차림을 준비하고 있었다 커다란 햄을 여러 등분으로 자르자 분홍색 돼지들이 끈적끈적 칼날에 달라붙었다 어지러워 어지러워하는 것 같았다

그때 생각에 잠긴 여자아이가 있었을 것이다 저 케이크는 왜 나를 위한 것이 아니지? 회색 손때가 탄, 커다랗고 푹신한 곰은 나를 바라보고 앉아서
왜 내 것이 아니지? 테이블 위의 열매들 굳게 닫혀 있고 케이크 앞에 고깔모자를 쓰고 수줍게 웃는 사람은 왜 죽도록 내가 아니지?

딱딱한 의자에 앉아
경량철골처럼 흔들리는 두 다리

그때 우리는 울먹이는 여자아이에게 울지 마! 울지 마! 손뼉 치며 응원했다 울지 말기와 실컷 울기 두 가지 요청 가운데 여자아이가 팽팽하게 익어갔다

플래시 터질 때 울음을 멈추고 활짝 웃어버린 여자아이의 시선이 창밖의 새를 쫓았다 쫓아서 멀리까지 갔다

그렇지 그렇게 웃어야지 이제 예쁘구나 하고 우리는 여자아이의 납작한 이마를 쓰다듬었다
다시 열리지 않을 차가운 이마

2.
맨홀 속으로 들어가면 다른 맨홀로 나올 수 있을까요
사실 이것은
막 내려간 시대의 이야기인데요…

허공을 받친 가로수들의 손금을 바라보고 있으면
세계의 비밀 하나를 눈치채버린 것 같은 우쭐한 기분이 들고…
나무 앞에 우두커니 서 있을 때
한 여자아이가 다가와 말했습니다
싸우지 마세요… 제발요…

구름의 뒤꿈치를 스치고 가는 검은 새 한 마리

본 적 있는 것 같아요…
맨홀 속으로 들어가면 다른 맨홀로 나올 수 있을까요

3.

한 사람이 전화를 걸어 "우리 지금 만날까?" 하자 먼 곳의 두 점이 조금씩 가까워져 마침내 한 점으로 포개지는 것을 재미있다고 생각하고 있다 새는

"네가 나를 병들게 한다는 걸 알았으면 해" 하자 한 점에서 한 점이 떨어져 나와 다시 멀어지는 것을 그러나 한 점은 여전히 같은 자리에 멈춰 있는 것을 새는 의미 있게 바라보고 있다

한 점이 찢어진 얼굴이 되는 것을

한 점은 거리에서 외투를 벗고 티셔츠를 벗고 속옷을 벗고 한 겹만 더 벗으면 살 것 같았다

4.

저는 삼십오 년째 주머니에 검은 비닐봉지를 챙겨 다닙니다 아무데서나 토하고 우는 사람들이 있고 그들이 아무데서나 토하고 울지 못하도록 하려고요

멀뚱히 서서 닫히지 않는 눈꺼풀을 수선하고 있을 때 멀리 거대한 건물을 집게손가락 사이에 담아 사진 찍어보는 사람들
　너희는 알까 모르는 사람의 집게손가락 사이에서 머리부터 천천히 주저앉는 기분을
　곤죽의 기분을…

　단 한 번도 사용해본 적이 없는 비닐봉지를 꺼내 나는 실컷 구토합니다
　지키고 싶은 것을 지켰다는 점에서 괜찮은 오후입니다

　5.
　그때 생각에 잠긴 여자아이가 있었다 검은 양복을 입고 심각한 이야기에 중독된 국제회의장에서 꽥 비명 지르는 사람이 나였으면 좋겠다 정신을 잃고 나였으면 좋겠다 돌 깨는 사람과 돌무더기 안에 갇힌 사람이 죽도록 나였으면 좋겠다

　플래시 터지는 소리
　응원과 함성

　새는 흥미로웠다 검은 점들이
　어지러워 어지러워 하듯이 칼날에 끈적끈적 달라붙는 장면이었다

호애친

— 월요일은 놀라웠네 아뿔사 등 뒤에도 세상이 펼쳐져 있다니
화요일엔 포기하였지 발바닥 밑도 마찬가지라니 하염없이

수요일의 책은 닫히고 싶었다
책을 반으로 쪼개 벌리고 있는 너의 손아귀가 피로한 이유는
책이 속마음을 들키기 시작한 까닭이다
비둘기들이 가끔 빵으로 보이는 현상에 시달리는 것도

꿈의 입구에는 맹인 전등갓 장수가
하루에 한 번 언제 찾아올지 모르는 너를 기다리고 있네

꿈의 입구는 지나치게 넓어서 아무나 들락거릴 수 있지만
꿈의 내부는 알다시피 좁아터졌지 동그랗게 동그랗게
몸을 말며 자신만의 어둠을 확보하고 싶어지는 것
손바닥이 찢어질 때까지 남을 쓰다듬고 싶어지는 것
꿈은 그런 세계다

목요일의 거목은 결심하였네 모든 것에 별 흥미가 생기지 않는
너의 어깨에 나뭇가지 하나만 올려놓기로
그런 얼굴일 필요까지 있겠어? 물어보기로

一 금요일엔 포기하였지
　　그래야 할 이유가 없어서
　　세상을 깜짝 놀라게 할 필요가 없어서

　　토요일의 거목은 딱 한마디만 더 누설하였다
　　말해 뭐해 라고 말해 뭐해 라고 말해 뭐해……
　　밤새 중얼거리는 나무는 딱따기꾼처럼 앙상하다 그러나
　　일요일에도 문을 닫지 않는 상점들 덕분에
　　너는 잘 살아 있네

　　지금 흐르는 눈물은 지난달에 먹어치운 빵
　　비둘기 한 마리의 것
　　월요일이 등 뒤에서 시작되었네
　　네 앞을 앞질러 천천히 사람이 되었지
　　둘 셋 넷으로 늘어나네

셔터스피드!

― 　입은 다물고 손은 모으고 같이 찍었지 얌전해 우리 완전히 죽은 것 같다 투명한 구에 담겨 영원히 살 것도 같다 웃었지 박수 치고
　그늘진 여기가 더 예뻐요
　여기를 오려요

　빛을 벗어나
　영혼은 믿지 않아도 천국은 믿어도
　네 가겟방엔 유통기한 지난 상품들 그리고 작은 더 작은 얼음 한 조각 있을 거야
　녹지 않는
　그걸 천국이라고 한다면
　영혼이 얼어 죽는 얼음 방이었을 거야

　많은 더 많은 다리를 가진 벌레보다
　작게 조금 더 작게 중얼거리는 것이
　우리의 온몸을 비틀게 한다 티셔츠 속으로 은밀한 손가락을 밀어 넣게 한다

　우리는 구하지 마요
　아름다워지도록 엉망으로 둬요

그늘이 더 예뻐요
울상이 좋아요

닫혀 있는 것을 더 닫아보려고
우리는 장면을 얼쩡거리고 있었지
멀리 있는 사람을 이리로 데려오려고
이름을 부르는 대신
뚫어지게 바라보고 있었지

그 사람 우리의 시야 바깥으로 빠져 나간다 선명해 우리 완전히 북새
통에 있다 너의 눈동자가 그를 따라가고

미소가 한없이 연장되었다
도저히 중단할 수 없지

거울에게 전하는 말*

 너는 바보 아니었을까 함부로 영혼에 걸었으니까 누가 그런 것을 좋아한다고
 비스킷을 먹으면 꼭 소파에 비스킷 가루를 흘려놓는 칠칠치 못한 사냥꾼처럼

 여기는 어디일까 너는 껍질을 뒤집어쓴 만큼만 존재했음에도
 생물 사물이 허락하는 만큼만 차지했음에도 숟가락이 용납하는 만큼만 먹고
 시계가 나누어준 만큼만 잤음에도 우리가 거울 속 인물에게 쉽게 연루되고 마는 까닭은
 영영 만날 수 없는 사람에 대한 시름 때문이야 바보야

 그와 할 건 다 해보았다 꽃도 꽂아보았고 집어등을 쫓아 갈 데까지 갔었다
 그러나 터덜터덜 홀로 돌아왔지 빛의 그물을 쓸쓸히 빠져나와 다시 이곳은 어디일까

 늙은이들의 눈동자를 보면 알 수 있다 몸의 어느 부분이 구부러지는 거 아니라
 쪼그라드는 거 아니라 지워지고 있다는 사실 같은 걸

―　밤바다로 천천히 걸어 들어가는 뒷모습이 엄지발가락부터 흘리고 가는 것처럼
　　눈동자마저 뽑아가는 것처럼

　　물가에 살아선 안 된다 넌 바보가 될 거야
　　잠의 테두리를 따라 걷고 싶게 될 거다 저기 먼 허공을 가리키며
　　저 너머엔 아무것도 없다고 중얼거리고 싶을 거야 그래서 건너가고 싶었지
　　동공을 풀어 딱 한 방울의 검은색을 떨어뜨리고 싶었지

　　투명한 물잔을 혼탁하게 만드는 결정적인 것이 되고 싶었다 동네가 떠나가도록
　　입은 꾹 다물고 싶었다

　　개들은 짖겠지만 콰직콰직 깨지는 잠깐 어둠 잠깐 빛
　　우리는 옆으로 누워서 잤다 하늘이 보이지 않는 게 좋으니까
　　이마에 살짝 차가운 것이 닿았다 떨어지는 느낌

　　거울에 바보 같은 거울 얼룩
　　작은 것들은 계속해서 작고 양파꽃은 피지 않고

피어 있다
지고 있다

* 박상순, 『마라나, 포르노 만화의 여주인공』

유계영 | 시인. 2010년 『현대문학』으로 등단.

현대시작품상 추천 우수작을 읽고

이 세계가 조금 흔들리는 소리

김언

2년 전 출간된 유계영 시인의 세 번째 시집 『이런 얘기는 좀 어지러운가』에는 이런 대목이 나온다. "같이 바다에 갈까? 약속하면 바다로 향하는 도중에 깨어납니다/ 내일도 바다로 향하는 도중에 깨어나 첨벙거리며 혼자서 두 번씩 첨벙첨벙하면서/ 해변의 커다란 바위를 향해 뿔을 흘리고 있습니다"(「웃는 돌」). 여기서 뿔 달린 염소처럼 처리되고 있는 화자는 바다로 향하는 도중에 깨어나 버리는 상황을 반복해서 맞이한다. 마치 꿈에서 깨듯이 깨어나는 통에 바다로 향하는 길이 계속해서 중단되는 사태를 타개할 만한 묘책이 있어 보이지는 않는다. 하기야 내 뜻과 무관하게 진행되는 꿈에서 바다에 도착할 묘수를 기대한다는 게 어불성설일 수도 있겠다. 그래서 바다에 도착하느냐 마느냐, 어떻게 하면 도착할 수 있는가와 같은 질문은 적어도 저 시에서는 무의미해 보인다. 그보다 눈여겨볼 것은 저와 같은 상황이 벌어지는 세계 자체다. 맥락상 꿈의 세계에 더 가까워 보이지만, 한편으로 내 뜻대로 제어되지 않는다는 점에서 이쪽의 현실과도 상통한다. 현실 역시 언제 어디서 끝나 버릴지 알 수 없기는 마찬가지이므로, 두렵고 막막한 도중에 놓인 심경은 꿈에도 현실에도 똑같이 적용된다.

끝없이 건너가는 도중에 놓인 한 사람의 막막한 내면은 『이런 얘기는 좀 어지러운가』 이후에 발표된 시에서도 드물지 않게 확인된다. 가령, 「잠이 우리에게 그렇게 하듯이」에 등장하는 화자 역시 어떤 도중에 놓여 있는 상태로 말을 걸고, 어떤 와중에 처해진 상태로 바다 한가운데를 건너간다. 어떤 도중이고 와중이냐 하면, 우선은 건너가는 바다가 어느 바다인지도 모른 채 건너가는 중이고, 그럴듯한 배가 아니라 일엽편주 같은 나무토막에 의지하여 건너가는 중이며, 당연히 땡볕이나 비바람을 막아줄 변변한 뚜껑도 없이 건너가는 중이다. 이런 상황에서는 괜찮다고 말하는 것이 더 이상해 보이는데("나만 멀미합니까? 왜 괜찮아요?") 그럼에도 "끝까지 살고 싶은 마음"과 "건너편에 도착하자마자 하고 싶은 것"이 남아서 바다를 이루고 항해를 이룬다.

어디서부터 시작되는지 언제 끝나는지 알 수가 없는 "인간의 바다". '구덩이' 같은 미래는 오지 않고 '웅덩이' 같은 오늘은 가버리기만 하는 항해의 바다. 막막한 이의 막막한 심경이 투영된 이 바다는 다른 시로 넘어가서, 빠져나갈 수 없는 '맨홀'의 이미지로(「눈딱부리 새의 관점」), 아무것도 없는 '허공'이나 얼룩밖에 없는 '거울'의 이미지로(「거울에게 전하는 말」), 월화수목금토일 반복되는 일상처럼 좁아터진 내부를 거느린 '꿈'의 이미지로(「호애친」), 완전히 북새통에 갇힌 이미지로(「셔터스피드!」) 계속 변주된다. 흔들리면서 막막하게 건너가는 이 바다가 어느 바다인지 모르겠는 심경 역시 다른 시로 넘어가서, "여기는 어디일까" "다시 이곳은 어디일까"(「거울에게 전하는 말」)와 같은 질문으로 되살아난다.

나를 둘러싼 세상이 이토록 막막하거나 답답하기만 하다면, 거기에 갇힌 나의 존재감은 두드려지려야 두드려질 수가 없다. 기껏해야 점과 같은 존재감으로 나의 정체성을 드러낼 수밖에 없는데, 점의 정체성이라고 해봐야 벗기면 벗길수록 사라지는 투명인간의 몸과 별다르지 않다("한 점은 거리에서 외투를 벗고 티셔츠를 벗고 속옷을 벗고 한 겹만 더 벗으면 살 것 같았다", 「눈딱부리 새의 관점」). 이처럼 정체성도 존재감도 불분명한 화자가 출발점도 도착점도 불확실한 상황을 끝없이 건너가는 도중에 놓인 것이 유계영 시의 일부를 차지한다면, 나머지 일부는 그러한 상황을 비집고 솟는 소리에 바쳐진다. 가령 다음과 같은 소리가 있어서 망망대해를 건너는 와중에도 끊임없이 우리의 귀를 살려놓아야 하는지도 모르겠다.

> 너머의 육지.
> 한 사람이 먼지 쌓인 피아노 뚜껑을 열었습니다.
> 여든여덟 개의 건반 중에서
> 이 옥타브 '솔'만 치고 다시 닫는 곳.
> 그 소리가 바다의 우리를 조금 흔들었습니다.
>
> 지금 막 흔들렸습니다.
>
> 머리 위엔 구름이 붐빕니다.
> ─「잠이 우리에게 그렇게 하듯이」 부분

"먼지 쌓인 피아노 뚜껑을 열"고 "여든여덟 개의 건반 중에서/ 이 옥타브 '솔'만 치고 다시 닫는" 소리는 한순간의 소리에 불과할지라도 그 순간의 바다를 다르게 울린다. 다르게 울리는 소리는 다르게 흔들리는 사물을 만들고 사람을 만든다. 당연히 다르게 흔들리는 바다가 있고 "바다의 우리"가 있을 것이다. 우리의 영혼을 흔든다고 해도 과언이 아닌 그 소리의 일부는 분명 시일 것이다. 그 소리가 지나고 다시 머리 위에서 구름이 붐비는 북새통의 세상이 이어질지라도 한 번의 소리는 한 번의 소리로 끝나지 않는다. 누군가는 계속해서 그 소리를 기다리고, 또 누군가는 끝내 그 소리를 내고자 의지를 다질 것이다.

"어지러워"서 "어지러워하는"(「눈딱부리 새의 관점」) 세상에서 어지러운 방식으로 정교하게 얘기를 풀어나가는 유계영 시의 미덕은 표면적으로 어지러움의 정교한 구현에 있는 듯하지만, 이면에서 흐르는 순정한 의지를 감지한다면 그의 시가 궁극적으로 지향하는 바도 다르게 읽힌다. 그것은 섣부른 '너머'도 아니고 막연한 '꿈'도 아니며 지리멸렬한 '북새통'도 아니다. 어쩌면 이 모든 것을 아우르고서야 낼 수 있는 소리, 그러니까 진창과도 같은 북새통을 통과할 대로 통과한 뒤에야 겨우 말할 수 있는 너머의 한마디. 꿈의 한 토막. 통과 자체가 요원해 보이는 현실과 도달 자체가 불가능해 보이는 너머를 한꺼번에 들려주는 얘기는 지난한 여정에 놓이지만, 그 와중에도 듣고 싶어 하는 귀는 여전히 있을 것이다. 시가 "우리에게 그렇게 하듯이", 유계영의 언어 역시 듣고 싶은 귀와 열리고 싶은 귀를 향해 계속 어떤 소리를 낼 것이다. 우리를 조금 흔드는 소리이자 이 세계가 조금 흔들리는 소리. 詩

김언 | 시인. 1998년 『시와사상』 등단. 시집 『숨쉬는 무덤』, 『거인』, 『소설을 쓰자』, 『모두가 움직인다』, 『한 문장』, 『너의 알다가도 모를 마음』, 산문집 『누구나 가슴에 문장이 있다』, 시론집 『시는 이별에 대해서 말하지 않는다』 출간.

2

2021년 제22회
현대시작품상
수상자 특집

이 시는 세 개의 새시입니다 외 9편 / 정끝별

❙ 제22회 현대시작품상 특집 / 심사평 ❙

유머와 아이러니와 역설의 연금술

오형엽

2021년 제22회 〈현대시작품상〉 심사는 새롭게 업그레이드된 운영 방식 및 절차에 따라 예심 및 두 차례의 본심을 진행하였다. 예심 절차를 거친 작품들에 대해 4명의 본심위원들이 각각 8명씩 추천한 결과 기혁, 송재학, 유계영, 정끝별 등의 시인이 각 3표, 김건영, 이현승 등의 시인이 각 2표, 그밖에 16명의 시인이 각 1표를 얻었다. 이를 토대로 1차 본심을 거쳐 기혁, 김경인, 송재학, 유계영, 이현승, 장이지, 정끝별, 정재학 등 총 8명의 최종 본심 대상자를 전원 합의에 의해 선정하였다. 이후 다시 일정을 잡아 진행된 2차 본심에서 본심위원들은 이들 중에서 다각도의 심도 깊은 논의를 통해 최종 본심 대상자로 정끝별 시인을 선정하는 데 합의하였다.

정끝별의 시는 생과 사의 경계에서 어두운 심연을 통과해서 솟아나는 희망의 비전을 경쾌한 언어 감각으로 표현한다. 누추한 일상의 표면 위에 햇볕을 비춰주는 특유의 낙관적 비전이 언어적 우연 및 필연과 중첩되면서 시적 도약이 생겨난다. 우울과 희망의 이중주가 유머를 통과하면서 시적 반복과 변주와 변신을 진행하는 것이다. 동음이의어에서 의성어, 의태어, 조사 등에 이르는 치밀한 언어 유희적 연금술을 통해 유머가 아이러니와 역설의 차원과 만나서 회전하고 순환한다. 정끝별의 시는 이러한 언어적 조율을 통해 일상의 삶, 평범한 사람, 퇴색한 사물의 이면에서 숨은 비밀을 발견하고 그것에 합당한 이름을 붙여준다. 정끝별 시인은 평범한 일상과 사람과 사물을 소중하고 고유하며 특별한 존재로 만들어주는 능력이 시인의 능력임을 유감없이 보여주는 것이다. 천진난만한 순수와 일탈하는 파격 사이에서 자유로운 운행을 지속하던 정끝별의 시는 최근 시에서 '꿈의 심연'과 '그림자의 기억'을 중요한 모티프로 채택하고 있다. 시적 주체와 대상 간의 그림자 관계를 통해 '꿈'과 '기억'의 복잡하고 미묘한 양상을 묘사하면서 존재의 심연과 그곳을 통과하여 솟아나는 희망의 비전을 형상화한다. 정끝별 시인의 제22회 현대시 작품상 수상을 진심으로 축하드린다.詩

▮제22회 현대시작품상 특집 / 심사평▮

기억의 지층을 파들어가는 언어의 비행술

김언

7년 전에 나온 시집에서 한 편의 시를 다시 꺼내어 읽어본다. 제목은 「투신천국」이다. 총 6연으로 된 시에서 한 대목을 옮겨본다.

> 악 소리도 없이 별똥별처럼 뛰어내린 너는
> 그날그날을 투신하며 살았던 거지?
> 발끝에 절벽을 매단 채 살았던 너는
> 투신할 데가 투신한 애인밖에 없었던 거지?
> ─ 정끝별 시집 『은는이가』(문학동네, 2014)에서

"세 달 전 뛰어내린 애인 곁으로 간다는 유서"만 남기고 투신한 제자의 죽음을 담고 있는 시이다. 유서의 요지만 봐서는 먼저 투신한 애인을 따라서 간 것으로 보이는 제자의 죽음은 그러나 아무리 돌려봐도 '사랑의 완성'과는 거리가 먼 비극으로 읽힌다. 인용한 대목을 곱씹을수록 저 죽음은 낭만적인 사랑의 완성이 아니라 어쩔 수 없이 선택한 '삶의 포기'로 읽힌다. 어찌해도 삶에서 기댈 수 있는 자리가 안 보이니 먼저 죽은 애인의 자리를 선택한 것이리라. "투신할 데가 투신한 애인밖에 없었던" 제자의 죽음은 단순히 개인의 문제로만 돌려세울 문제가 아니기에 제목도 「투신천국」이 되었을 것이다. 지

금—여기서는 누구라도 뛰어내릴 수 있다. 시에도 나오듯이 재벌 3세도 뛰어내리고 먼 고장의 십대들도 뛰어내리고 가까운 애인도 뛰어내리고 그 애인의 애인도 속절없이 뛰어내린다. 차별 없이 뛰어내리고 순서 없이 뛰어내린다. 그러니 '투신천국'일 수밖에.

죽음 앞에서만 무사 공평해지는 지금 이곳을 받는 말이 투신으로 점철되는 지옥이자 천국이라고 한다면, 남는 선택은 사실상 두 가지다. 지금이라도 뛰어내리든가 아니면 계속해서 견디든가. 뛰어내리는 걸 포기하는 대신 온갖 비루하고 지리멸렬한 길을 숙명처럼 짊어지고 가야 하는 삶. 이 대목에서 극적으로 또 하나의 길을 펼쳐 보이는 이들이 있다. "발끝에 절벽을 매단 채" 뛰어내리는 방식으로 날아오르는 길을 극적으로 열어 보이는 이들이 있으니, 바로 시인을 비롯한 예술가들이다. 하늘로 난 그 길에서 상상으로라도 혹은 환상으로라도 날개를 달고 날아가는 꿈. 날지 못하면 날지 못하는 대로 원래부터 있었던 흔적기관처럼 남겨두고 싶은 날개. 이 날개의 꿈이 불러내는 곳에 새가 있고 정끝별 시인의 시가 있다. '투신천국'이라는 지옥을 지나서도 여전히 고통스럽게 마주하는 현실이 있고, 와중에도 힘겹게 날개의 꿈을 간직하려는 고투가 있다. 여기에 한국어 고유의 질감으로 유희성을 더하면서, 사유적 무거움과 언어적 가벼움을 양쪽에 거느린 절묘한 균형감으로 정끝별의 시는 비행한다. 언어와 사유, 어느 쪽에도 치우치지 않는 이 아슬아슬하고도 신기한 비행술의 시에서 '날개'가 거느리는 의미 역시 중층적이다.

> 펼쳐야 날 수 있고 날아야 잊힐 수 있다는데
> 웅크린 기억들을 죽지에 묻고 또 묻는다
> 나는 내게도 보여줄 수 없는 기억들이 있다
> ―「이 시는 세 개의 새시입니다」 부분

> 좁은 방에서 커다란 날개는 불구였을 거야
> 날기 전까지 나는 법을 몰라
> 백화점 옥상에서 떨어지면서 날기 시작했다지
> ―「갈매기의 꿈」 부분

날개는 날아야 날개다. 웅크린 기억들도 날아야 날개처럼 펼칠 수 있고 그러면서 잊힐 수 있다. 펼칠 수 없다면 날 수도 없고 잊힐 수도 없는 기억이 나도 모르게 거주하는 곳. 그곳이 나의 몸이자 방을 이루면서 나의 날개는, 꿈에서도 죽지를 펼치고 싶은 날개는, 비좁은 공간에 갇힌 불구의 신세로 전락한다. 영영 나는 법을 잊은 채로 옥상에서 떨어질 때에나 문득 소환되는 날개는 현실에서 끝없이 전락하는 존재를 환기하는 동시에 꿈에 기대어서라도 날고 싶은 욕망을 대변한다. 욕망은 억압을 딛고서 매번 다른 장면으로 돌출되는데, 가령 "갈매기의 꿈과 영어를, 아버지가 말했어/ 갈매기의 꿈과 그림을, 여자에게 날개가 없어/ 갈매기의 꿈과 베껴쓰기를, 오빠들이 말했어/ 갈매기의 꿈과 춤을, 치마를 날개처럼 펼쳐선 안 돼"(「갈매기의 꿈」)에서는 여성으로서 감내해야 하는 억압이 '날개'로 표상되는 욕망의 뿌리를 이룬다.

　욕망이 억압과 짝을 이루듯 기억은 상처와 짝을 이루면서 "반백년을 봉인된 채 꽂혀 있던 갈매기의 꿈"(「갈매기의 꿈」)이 사실상 무수한 겹의 역사를 거느리고 있음을 환기한다. 층층이 누적된 기억의 역사이자 욕망의 서사를 파들어가는 사유의 깊이와, 그 위를 자유자재로 비행하는 언어의 높이가 절묘한 균형감으로 구축된 시. 정끝별 시 특유의 미감과도 통하는 저 균형감은 오래도록 세계를 응시하는 일과 언어를 사유하는 일이 시인 본연의 과업임을 새삼 일깨운다. 30년을 훌쩍 넘는 시적 이력과 성취에 값하는 상이 놀아감을 기쁜 마음으로 새기면서, 정끝별 시인께 심심한 축하를 드린다.詩

▌제22회 현대시작품상 특집 / 심사평 ▌

오늘의 방황과 이후의 고투

조강석

　현대시 작품상 심사 과정이 올해부터 바뀐 것은 이미 지상에 공개된 바대로이다. 1차적으로 8명의 작품을 대상으로 선별하고 심사위원들이 조금 더 세심하게 살펴보면서 후보작들의 가치와 의의를 상세히 살핀 뒤 그 결과를 바탕으로 다시 최종 심사를 거쳐 수상작을 결정하는 시스템으로 바뀌게 되었으며 이런 과정을 통해 첫 수상자를 내게 되었다. 바뀐 심사 과정 덕분에 후보작들의 면모를 차분하게 조금 더 자세히 들여다볼 수 있었다. 그런 과정 속에서 2021년 현재 한국시의 지형과 특징에 대해 다음과 같은 생각을 해보게 되었다. 첫째, 지배적 경향이라거나 일반적 추세라고 할 만한 요소들을 말하기는 어려웠다. 이는 한편으로는 시인들이 다른 어느 때보다도 각자의 개성을 심화시키는 방향으로 나아가고 있다고 할 수 있으며 다른 한편으로는 담론이라고 할 만한 것들이 운위되지 않는 시단의 현상과도 관련이 없을 수 없겠다. 시인들이 어느 시대고 담론을 따른 적은 없었지만 당대의 시적 경향에 대해 고민하고 이를 선도해나가기 위한 고투가 조금 더 치열한 적도 있었다고는 말할 수 있을 것이다. 둘째, 팬데믹 시대의 시 쓰기와 관련이 있는 것인지 모르겠으나 내사하는 시선이 이전에 비해 더욱 종종 눈에 띄었다. 그 시선이 세계를 경유하고 세계를 걸어보기 위한 것인지에 대해서는 숙고가 필요했다. 셋째, 마치 모든 형식이 개진된 이튿날처럼 형식에 대한 피로감이 눈에 띄었다. 진술이 발화의 중심에 놓이게 된 정황이 이와 관계 깊을 것이다. 그런 점에서 시 역시 동시대의 산물임은 분명하다.

    세대를 아우르는 후보자들의 작품 중에서 가장 무게중심을 안정적으로 보유한 두 시인의 작품이 끝까지 거론되었고 완연한 진경에 진입한 정끝별 시인의 작품이 최종 수상작으로 선정되었다. 정끝별 시인의 작품은 세 가지 점에서 수상에 값하는 것으로 보인다. 첫째, 낭비 없는 토로가 지닌 부드러움, 둘째, 두터운 위로가 아니라 동요 속에서의 중심잡이가 독자들을 따뜻한 중심으로 이끄는 힘 셋째, 완결된 세계의 누적이 아니라 자기갱신의 연속이 그 자체로 완성태임을 보여주는 실천이 돋보이는 작품들이었다. 여전히, 오늘의 방황과 이후의 고투를 모두 보여주는 작품들이라고 할 수도 있겠다. 중진 시인에게는 어색한 표현일지 모르겠으나 다시금 기대와 축하의 인사를 건넨다고 해야겠다. 詩

┃ 제22회 현대시작품상 특집 / 심사평 ┃

그림자의 초월론

안지영

    툭툭 던져놓은 말장난과 통통 튀는 리듬에 몸을 맡기기도 하면서 정끝별 시인의 시를 읽어 왔다. 1988년 등단한 정끝별 시인의 시를 처음부터 따라 읽지는 못하였고, 2008년에 출간된 『와락』이 아마도 첫 만남이 아니었을까 한다. 현대시 작품상 후보 시인들의 작품들을 검토하며 이 시집을 다시 펴들었고, 다시금 말을 부리는 시인의 유별난 솜씨에 감탄하다가 「처서」라는 시를 읽게 되었다. 이 시에는 모래내 천변 오동나무 가지에서 사랑을 나누는 저녁 매미를 보고 시인이 "단 하루/ 단 한 사람/ 단 한번의 인생을 용서하며/ 제 노래에 제 귀가 타들어가며"라고 노래하는 구절이 있다. 귀가 타들어갈 정도로 강렬한 노래에 대한 욕망은 심지어 죽음도 감내하게 만드는 것이다. 하지만 그 욕망이 결코 충족될 수 없다는 것을 알기에 이 장면에는 종내 비극적인 분위기가 감돌게 된다.
    그럼에도 불구하고 이러한 무참한 비애가 생에 대한 지극한 사랑을 증명하는 것임을 의심치 않는다. 그 이유를 설명하는 데 이번에 수상작으로 선정된 「이 시는 세 개의 새시입니다」를 비롯한 시인의 근작시가 좋은 재료가 될 것 같다. 이 시에도 '새' 혹은 '새다'와 같은 단어를 둘러싼 언어유희가 나타나는데, 그것이 죽음에 대한 두려움과 맞물리면서 기존 시와는 조금 다른 분위기를 만들어 낸다. 세 개의 부제목에 따라 나뉜 이 시에는 빛과 그림자가 오묘하게 빚어낸 풍경이 각각 펼쳐진다. 그리고 이 풍경들은 비애에 대처하는 시인의 자세와 관련된다. 어찌 보면 실패를 거듭할 수밖에 없는, 아니 그야말로 실패를 향해 나아간다고 할 수밖에 없는 비극적인 인간의 운명에서 비애는 필연적이다. 이 시에서 발목을 단단히 감싸고 나를 놓아주지 않는 그림자는 죽음의 내재성을 보여준다. 정끝별은 그로 인해 새어 나오는 "눈물의 실선"을 초월적인 존재론과 연결한다. 죽음이 있기에 삶도 있는 것이므로 그림자는 희망이기도 한 것이다.

물론 이 자리바꿈에는 말로는 간단하게 정리할 수 없는 복잡하고 어려운 내막이 자리 잡고 있다. 우리의 일상은 초월을 가로막는 무수한 덤불들로 빽빽하지만, 그것들을 막무가내로 잘라 내버릴 수도 없다는 것이 비애를 더욱 복잡하게 만든다. 한데 이렇게 각자의 삶이 얼마나 복잡한 것인지를 인정한다는 점이 시인의 시를 깊이 있게 만드는 것 같다. 온갖 당위와 명령에 굴복하기 쉬운 자세를 거듭 다잡고, 그저 스스로가 세운 기율과 법칙과 목표에 따라 자신의 삶을 살라며 그림자는 시적 주체를 일으켜 세운다. 우리에게는 각자의 비애가 있고, 그 비애와 일대일로 대면하면서 살아가는 도리밖에는 없다. 복잡한 것을 복잡한 대로 받아들이는 마음은 진정 "크나큰 날개"를 지닌 새만이 지닐 수 있는 여유에서 비롯한 것일 테다. 자꾸만 날개를 꺾으려는 일상에 대해 조금 더 여유롭고 명랑하게 노래할 수 있길, 그것이 나의 마지막 노래가 되길, 정끝별 시인의 시를 읽으며 더불어 간절한 마음이 된다. 시인의 수상을 진심으로 축하한다.詩

❙ 제22회 현대시작품상 특집 / 심사경위 ❙

월간 『현대시』에서 주관하는 〈현대시작품상〉은 2000년 제1회 수상자로 김혜순 시인을 선정한 이후 2020년 제21회 수상자인 김소연 시인에까지 21년 동안 줄곧 작품성이 뛰어난 최고의 시인들을 수상자로 배출함으로써 최정상의 시문학상으로 자리매김하여 왔다. 한국의 시인들이 가장 수여하기 원하고 독자들이 가장 권위를 인정하는 〈현대시작품상〉은 2021년부터 운영 방식 및 절차를 다음과 같이 업그레이드시키고 상금도 천만 원으로 상향 조정하여 명실상부 최고의 시 문학상으로 발전적인 변화를 도모하고자 한다.

따라서 〈현대시작품상〉은 올해부터 기존에 시행해 왔던 예심 절차 및 방식을 유지하면서 1차로 진행했던 본심절차 및 방식을 2차로 변경하여 보다 복합적이고 다층적인 심사 방식을 채택하였다. 예심 절차와 방식은 지난 한 해 동안 편집회의를 통해 매달 4편의 추천작을 선정하여 『현대시』 지면에 후보작으로 공개하는 방식을 유지하였다. 이러한 예심의 절차 및 방식은 〈현대시작품상〉의 심사를 1년 내내 진행하면서 그 과정을 독자들과 함께 투명하고 공정하게 운영하기 위함이다.

본심 절차와 방식은 『현대시』 주간 및 심사위원들로 이루어진 4명의 본심위원들이 1차와 2차로 단계적인 심사를 진행하였다. 1차 본심은 예심을 거친 후보작들 중에서 본심위원들이 각각 8명의 시인의 작품을 투표로 추천하여

취합하였고, 이를 기초로 논의와 심의 및 투표를 거쳐 총 8명의 시인의 작품을 최종 본심 대상작으로 선정하였다. 본심위원들이 각각 8명의 시인의 작품을 추천할 때 한국 시의 현재적 전체성을 포괄하기 위해 시력詩歷을 1989년까지 등단한 시인, 1990년에서 2009년까지 등단한 시인, 2010년 이후 등단한 시인 등으로 나누고 선정 비율을 안배하였다. 이는 우리 시단의 균형 있는 발전을 위함이다. 2차 본심은 자유 토론, 심층 토론, 투표 등을 병행하면서 공정하고 엄격하게 진행하여 가장 작품성이 뛰어난 수상작 및 수상자를 선정하였다

1차 본심은 2020년 1월 6일(수) 오후 3시에 비대면 방식인 줌 화상회의로 개최되었다. 이상의 이메일로 추천된 1차 본심 대상자 및 작품을 기초로 1차 본심을 진행하였다. 다각도의 논의와 다층적인 심의 및 투표까지 가는 장시간의 심사를 진행한 결과 1차 본심을 통과한 총 8명의 최종 본심 대상자를 전원일치 합의에 의해 다음과 같이 선정하였다.

〈제22회 현대시작품상 최종 본심 대상 시인〉
기혁, 김경인, 송재학, 유계영, 이현승, 장이지, 정끝별, 정재학 (가나다순)

본심위원들은 합의에 의해 선정한 총 8명의 최종 본심 대상자 및 작품을

나누어 맡아서 『현대시』 2월호에 기혁, 김경인, 송재학, 유계영 시인에 대한 작품평 및 해설을 게재하고, 3월호에 이현승, 장이지, 정끝별, 정재학 시인에 대한 작품평 및 해설을 게재하였다.

  이를 토대로 2021년 3월 10일(수) 오후 6시 30분에 2차 본심이 현대시 사무실에서 진행되었다. 본심위원들은 본심 대상자인 여덟 명의 시인들 중 최종 수상자를 결정하기 위해 늦은 시간까지 시인들의 시적 특성 및 장단점, 작년 활동과 문학적 성과 등에 대해 자유롭게 의견을 주고받았다. 작품의 미학적 특성과 사유의 밀도, 시적 경륜과 위상 등의 측면에서 다양한 의견들이 오고갔고, 결국 송재학, 정끝별, 이현승, 유계영 시인이 마지막까지 논의가 되었다. 그 과정에서 심도 깊은 논의 끝에 정끝별 시인을 올해의 수상자로 결정하는 데 의견이 모아졌다.

  정끝별 시인은 1964년 전남 나주에서 태어나 1988년 『문학사상』에 시가, 1994년 『동아일보』 신춘문예에 평론이 당선되어 등단했다. 시집으로 『자작나무 내 인생』, 『흰 책』, 『삼천갑자 복사빛』, 『와락』, 『은는이가』, 『봄이고 첨이고 덤입니다』가 있다. 유심작품상, 소월시문학상, 청마문학상 등을 수상했다. 정끝별 시인의 시는 생과 사의 경계에서 솟아나는 희망의 비전을 경쾌한 언어 감각으로 표현한다. 누추한 일상의 표면 위에 햇볕을 비춰주는 특유의 낙관적 비전이 언어적 우연 및 필연과 중첩되면서, 우울과 희망의 이중주가 유머를 통과하면서 세계를 지속하는 것이다.

    심사위원들은 최종 합의 끝에 정끝별 시인을 2021년 제22회 〈현대시작품상〉 수상자로 선정하였다.

정리 : 편집부

● 수상작

정끝별

_이 시는 세 개의 새시입니다
_아무나는 나이고 아무개는 개이다
_갈매기의 꿈
_일상 아니 일식에 대하여
_동물을 위한 나라는 없다
_버뮤다 삼각지
_언니야 우리는
_두부하기
_모래는 뭐래?
_사막거북

❝ ▌제22회 현대시작품상 특집 / 수상작 ▌

이 시는 세 개의 새시입니다 외9편

\# 새들은 그림자가 없어요

땅에 붙어서 걷는 그림자는 크고
땅에서 가까이 나는 그림자는 작다

땅을 벗어난 것들의 그림자는? 없다!

꿈에서는 아무것도 사라지지 않아요 그림자를 놓쳤기 때문이에요 어릴 적 길에도 집에도 잃어버린 신발에도 죽은 아버지에게도 없어요 꿈에는 그림자가 없어요

펼쳐야 날 수 있고 날아야 잊힐 수 있다는데
웅크린 기억들을 죽지에 묻고 또 묻는다
나는 내게도 보여줄 수 없는 기억들이 있다

어깻죽지를 펴고 빠르게 달릴수록 튀어 올라요 높이 날수록 허공에서 흩어져요 그러니 그건 새였을까요?

공중부양하는 것들에겐 그림자가 없고
내 그림자엔 새가 없다

수평선처럼 흔들렸어요

자세가 바뀌면 지평이 바뀐다 지평 위 그림자의 농도나 온도나 각도나 차도도

어쨌든 새는 게 실패가 아니다
가장 뜨거운 눈물 아래로는 겹겹의 파도가 있고
파도와 파도 너머로 한 줄 실선이 있다

방파제에 이른 눈물의 실선이 지평이다 새의 시작이다

간절했던 꿈 밖으로 방금 넘쳤거나 곧 넘칠 파도가 벌벌 떨고 있어요. 풍(風)이었어요. 층층의 구름과 가장 먼 하늘이 엎질러졌어요. 그건 수평선이었을까요?

꿈에서 흘러나온 바다가 지문처럼 일렁이며 이랑을 새긴다.
꿈도 아니었는데 바닥이 바다처럼 줄렁인다

웅크리면 길은 홈이 되고 홀이 되어 나를 삼키고

지평을 바꾸다 보면 언젠가 탈출할 수 있으니
　　무엇이든 돼! 돼! 돼! 무엇이어도 괜찮아, 괜찮아,

　　엎질러진 그림자라면 더욱

　　# 그림자가 날 일으켜 세워요

　　하나의 빛을 향하면 그림자도 하나

　　세상에 나올 수 없는 그림자는 깊고 뜨겁고
　　깨면 잊히는 꿈처럼 그림자는 있고 없다

　　뒷배인 듯 제 그림자를 끌고 가는 날엔 태양에 이마가 타들어 가고,
　　앞 배인 듯 제 그림자를 안고 가는 날엔 태양에 뒤통수가 다 다 타들어
　　간다 길에 새긴 문신처럼

　　실선을 넘어선 것들에겐 없다
　　옥 규 숙 영 악보를 벗어난 음표처럼 휘리릭
　　어디로 갔을까 모으고 모았던 우표나 종이학처럼 소식조차 잊은 이

름들이 그림자를 잃었지만

 아직 내겐 두 발로 써야 할 길의 역사가 있고 타들어 가면서도 마주해야 할 빛의 역사가 있어요 바닥이 없으면 직립도 없어서 그림자라는 희망의 자장이 없으면 하, 나도 없는 거예요

 나와 하나인 것들과 내게 하나인 것들과 나를 하나이게 한 것들이 있어 그림자도 하나

 저녁 무렵일 때 새는 가장 낮고 가장 향기롭다
 밤이 오면 크나큰 날개가 날 덮어줄 것이다

아무나는 나이고 아무개는 개이다

― *누군가는 사랑을, 누군가는 질투를, 누군가는 저주를……*

누군가를 생각하며 쓴 '누군가'에 줄을 긋고
'아무개'라고 교정해준 아무개가 있었다

아무나가 아닌 아무개가
누구나가 아닌 누군가와 접속한 것이다

하긴 아무나나 누구나보다는
아무개나 누군가가 더 가깝기는 한데

아무 개도 개, 누군 가도 개라서
아무개로 동하면 누군가로 통한다
아무 나도 나, 누구 나도 나라서
아무나는 아무도보다 쉽고
아무나가 쉬우면 누구나는 더 쉽다

누구랄 것도 없이
누구도는 누군가의 아무개와 접하고
아무랄 것도 없이

─   아무도는 아무개의 누군가에 속한다

하니 아무개는 아무나나 아무도로
누군가는 누구나나 누구도로 숨는다

아무나 쓰는 건 누구나 쓰고
아무도 못 쓰는 건 누구도 쓰지 않고
누군가 써야 할 건 아무도 쓰지 않으니
아무 나이면서 누구 나로
아무 개이면서 누군 가로 덮어씌운
중복불가의 저 ******에는 암만 봐도 이름이 없고

접속할 때마다 불상과 미상으로 길어지는
익명의 아이디에는 지평이 없다

부지불식의 손끝에는 지문이 없다

갈매기의 꿈

To the real Jonathan Livingston Seagull,

who lives within us all

하얀 새 한 마리가 긴 날개를 펴고 동쪽을 향해 날고 있었어
흰 날개를 받쳐주는 저 파랑은 바다였을까 하늘이었을까
오른쪽 날개에는 세로로 쓰는 갈매기의 꿈이
왼쪽 날개에는 가로로 쓰는 Jonathan Livingston Seagull a story가
펼쳐졌다가 판권에서 만났어

갈매기의 꿈　　(값 500원)
~~~~~~~~~~~~~~~~~~~~~~~
西紀 1974年 4月 15日 印刷
西紀 1974年 4月 25日 發行

著　者　리 처 드 바 크
譯　者　李　　相　　吉
발행인　方　　義　　煥
발행처　世　　宗　　閣
서울특별시 관악구 본동 127
출판등록 1962.11.3.(가)1083

낙장 파본은 교환해 드림.

―

갈매기의 꿈과 영어를, 아버지가 말했어
갈매기의 꿈과 그림을, 여자에겐 날개가 없어
갈매기의 꿈과 베껴쓰기를, 오빠들이 말했어
갈매기의 꿈과 춤을, 치마를 날개처럼 펼쳐선 안돼

조나단 리빙스턴 시절, 가슴이 멍울지고 소름이 솜털처럼 돋던 이름이었다가
조나단 리빙스턴 시절, 책장꼭대기에 먼지처럼 쌓인 이름이었다가

시인은 마치 저 구름의 왕자 같아라

폭풍을 좇는 구름왕자처럼 파랑에 취해 좁쌀별들을 비웃는 한 시인의 알바트로스를 보았어
뱃사람들에게 잡혀 커다란 날개를 질질 끌고 다니다 물갈퀴는 쌈지로 **뼈**는 담뱃대로 깃털은 모자장식으로 팔렸다지
파랑에서 빛나던 흰 날개를 떠올리는 밤에는 두통이 죽지까지 내려오곤 했어

모든 새들에겐 둥지가 있어야 해, 집이 말했어

― 먹이를 찾아 땅에 붙어 걷는 새들도 아름답지 않니? 거리가 말했어

초록 논에서 놀던 백로 등에 올라탔어 백로가 하얀 날개를 펼쳤는데 날개가 하늘을 덮어 궁창이 깨지고 천둥번개가 쳤어 붕새야 붕새, 비명을 지르며 꿈에서 깼는데
남편이 말했어, 좁은 침대에서 네가 날개를 펼치면 내가 떨어지잖아
아이들이 말했어, 우와 날개다! 타고 싶어 태워줘!
날으는 것이 두렵다는 소설을 읽고 또 읽으며 발 없는 새를 꿈꾸는 밤이었어

翼殷不逝라니,
큰 날개를 가지고도 날지를 못한다니!

좁은 방에서 커다란 날개는 불구였을 거야
날기 전까지 나는 법을 몰라
백화점 옥상에서 떨어지면서 날기 시작했다지
한번 날자 죽어서도 세상 멀리 세상 높이 날았다지
이상이라는 바보새를 애도하는 밤들이었어

낡은 침대에서 홀로 뒤척이던 날 보았지

반백 년을 봉인된 채 꽂혀 있던 갈매기의 꿈을
손끝에 잡힐락 말락 추락한 날개가 바닥을 치자
시큼한 먼지들이 깃털처럼 날았어 일제히
뼈에 구멍이 생기고 새처럼 가벼워진 몸이 휘청였어

아침이었으며, 그리고……

일상 아니 일식에 대하여

― 처음 문을 당긴 손
처음 병에 꽂힌 꽃다발
처음 말을 부르는 두 혀
처음 창에 걸린 네 별 내 별

꽃병을 벗어난 물처럼 처음이 쏟아졌다

함께 웃던 사진액자 뒤 삐뚤게 박힌 못이
숱 많은 머리칼을 묶던 돌돌 말린 머리끈이
지친 엉덩이를 지탱하느라 주저앉은 소파가
카펫이 숨기고 있던 창백한 마룻바닥이
다섯 손가락을 기억하는 장갑 한 짝이

트럭이 다녀갔다

잃는 게 아니라 잊는 거라고
잊는 게 아니라 놓아주는 거라고
놓아주는 게 아니라 지나가는 거라고

쏟아진 문고리에 지문을 지운다 쏟아진 머리칼을 깔고 누워 쏟아진

― 바닥과 체온을 나누며 자다 깨다 또 잔다 쏟아진 소파에 젖은 말풍선을
채워 넣는다 쏟아진 밤별에 길어진 느낌표를 건다

    택배상자들이 쌓였다

    다음 신은 길고양이
    다음 나라는 집이나 가족 없이
    다음 날은 목에 단 방울 따위 사절
    다음 물음은 그냥 나

    안경과 양말과 우산이 우선 필요해

    쏟아진 처음이
    유구할 다음이야,

    지금이 내 귀에 초인종을 울렸다

동물을 위한 나라는 없다

一 소 눈이라든가
  낙타 눈이라든가
  검은 동자가 꽉 찬 눈을 보면
  내가 너무 많은 눈을 굴리며 산 것 같아

    남의 등에 올라타지 않고
    남의 눈에 눈물 내지 않겠습니다

  타조 목이라든가
  기린 목이라든가
  하염없이 기다란 목을 보면
  내가 너무 많은 걸 삼키며 사는 것 같아

    남의 살을 삼키지 않고
    남의 밥을 빼앗지 않겠습니다

  펭귄 다리라든가
  바다거북이 다리라든가
  버둥대는 짧은 사지를 보면
  나는 내가 너무 긴 죄를 짓고 살 것 같아

−

우리에 갇혀 있거나 우리에 실려 가거나
우리에 깔리거나 우리에 생매장당하는 더운 목숨들을 보면

우리가 너무 무서운 사람인 것만 같아

버뮤다 삼각지

— 버뮤다에 사는 어떤 불갯지렁이는

보름달이 뜨면 암컷들이 떼를 지어 깜깜한 항구의 바다 위로 떠올라 강강술래 강강술래 달빛에 기울어 돈다 빛의 구애에 화답하듯 수컷들도 떠올라 암컷들이 빚은 빛의 반지에 기울어 돈다 빠르게 암컷들과 어울러 돌면서 빛의 씨앗을 방사한다 그것이 전부! 항구의 밤바다를 밝혔던 빛들이 순식간에 꺼진다

사랑은 저리 부시고 짧다

술래야 술래야 오랑캐들을 불렀던

내 청춘의 삼각지 로터리에서 블랙홀처럼 꺼졌던
섬광의 보름달이 한 생을 이울게 한다

언니야 우리는

　우리는 같은 몸에서 나고 같은 무릎에 앉아 같은 젖을 빨았는데

　엄마 다리는 길고 언니 다리 짧고 내 다리는 더 짧아
　긴 다리에 짧은 다리를 엇갈려 묻고
　이거리 저거리 각거리, 천사만사 다만사, 조리김치 장독간, 총채 빗자루 딱,
　한 다리씩을 빼주고 남는 한 다리는 술래 다리

　언니야 우리는 같은 집에서 자라 같은 밥을 먹고 같은 남자들과 살았는데
　너는 언니라서 머리가 길고 나는 막내라서 머리가 덜 길고
　남자들을 위해서 씻고 닦고 삶고 빨고 낳고 먹이느라 죽을 듯이 엄마처럼 하얘지도록
　너는 언니라서 더 끓고 나는 동생이라서 조금 덜 끓고

　우리는 같은 사람으로 태어나 같은 학교에 다니고 같은 시대를 살았는데

　아버지 오빠들이 우리에게 어떤 손자국을 남기고 어떤 무릎을 요구했는지

그들에게 사랑받기 위해 우리가 어떻게 서로의 어깨를 떠밀었는지
　서로를 손가락질하고 스스로에게 자물쇠를 채웠는지
　그리고 이제 어떻게 엄마의 입이 되고 있는지

　너는 먼저 나서 더 싸우고 나는 나중 나서 더 잘 싸우고
　너는 먼저 피 흘려서 곰이 되고 나는 나중 피 흘려서 늑대가 되어

　그래 우리는 같은 성으로 자라 똑같은 결혼을 하고 똑같이 아이들을 키우며 또 같이 울었지

　공깃돌을 줍다 빨래하러 가자 두 손을 잡고
　물에 빠진 내 손을 붙잡아준 네 손
　오래 매달리기를 하다 팔이 빠진 나를 등에 업어준 네 손
　나란히 엎드려 팝송을 듣고 일기와 편지를 쓰고 생리대를 나눠 쓰던 우리 두 손
　늦은 밤 굳게 잠긴 철대문을 몰래 열어주던 서로의 두 손을 꼭 붙잡고

　그래 언니야 우리는 같은 엄마의 여자였고 서로의 여자였어 그러니까 서로의 애기였고 서로의 애기였어

― 너는 언니라서 더 지치고 나는 동생이라서 아직 덜 지치고
너는 맏딸이라서 더 외롭고 나는 막내딸이라서 아직 덜 외롭지만
더 외롭고 더 지친 엄마의 지린내 나는 다리를 닦아주며 마주 앉아 서로의 다리를 엇갈려 묻고
다리 사이에 내려앉은 서로의 어둠을 한 다리씩 빼내며
아기새들처럼 목청껏 한소리로 노래하지

니다리 내다리 짝다리, 천근만근 안다리, 주홍마녀 유리벽, 강물 파도야 싹,
묻힌 무다리에 새파란 무청 같은 날개를 달아주며

두부하기

─   출생의 비밀처럼 자루 속 누런 콩들이 술술 샌다
　　이야기는 그렇게 실수로 시작된다

　　라스트신은 비가 내리는 늦여름의 저녁 식탁, 숟가락 개수와 메뉴를
결정해야 해

　　물먹다 나왔는데 또 물먹으러 들어간다
　　시간의 맷돌은 돌아가고 똑딱똑딱 떨어져
　　고인 너의 나날은 푹푹 삶아져야 고소해지고
　　거품은 잘 거둬내야 순해진다

　　어쨌든 매순간의 물과 불 앞에서 물불을 가리지 않는 묵묵한 캐릭터
가 필요해

　　오래된 짠물은 너의 단맛을 끌어올려준다
　　뜨거운 장마를 불러오는 건 떼구름이다
　　울렁이는 웅얼거림과 어처구니없는 울먹임이 먼 곳의 몸짓처럼 떼
지어 엉겨 떠올랐다가
　　젖은 무명보자기에 싸여 단단해지는 이 플롯을
　　구원이라 할까 벌이나 꿈이라 할까

그리하여 조금 더 담담한 목소리와
조금 더 묵묵한 표정으로 맞이할 저녁 식탁에서

오늘도 만만한 희망으로 만만찮은 서사를 완성하려는,

한 번도 네게 말 걸지 않고 콩밭만 매던 말과
한 번도 널 마음에 담지 않고 콩밭에 간 마음이
네가 써내려가야 갈 흰 밤처럼 깊다

그런 밤 어김없이 술술 새는 이야기 씨들이
부드러운 망각처럼 물에 불려지고 있다 퉁퉁하다

모래는 뭐래?

— 모래는 어쩌다 얼굴을 잃었을까?
모래는 무얼 포기하고 모래가 되었을까?
모래는 몇 천 번 실패로 모래를 완성했을까?
모래는 그러느라 색과 맛을 다 잊었을까?
모래는 산 걸까 죽은 걸까?
모래는 공간일까 시간일까?
그니까 모래는 뭘까?

쏟아지는 질문에 뿔뿔이 흩어지며

모래는 어디에서 추락했을까?
모래는 별보다 말보다 많을까?
모래는 어떻게 부서져 저리 닮았을까?
모래는 우주의 인질이었을까
모래는 제각각 이름이 필요하지 않을까?
모래는 거울이었을까?
설마 모래가 널까?

허구 속 주인공들처럼

사막거북

― 사막에서 물을 잃는다는 건 치명적인 일이다

사막거북은 가물에 콩 나듯 만나는 풀이나 선인장에서 병아리 눈물만큼의 물을 얻어 몸속에 모았다가 위험에 빠지면 그마저도 다 버린다

살기 위해 배수진을 치는 것이다

나도 슬픔에 빠지면 몸속에 모았던 물을 다 비워낸다 쏟아내고서야 살아남았던 진화의 습관이다

어떤 것은 버렸을 때만 가질 수 있고
어떤 것은 비워야만 살아남을 수 있다

살아남은 심장은 단단하다

쏟아내고서야 단단해지는 그 이름은?

핏자국이 엉켜 있는 발톱을 본 적이 있다
어느 거리에서였을까
어느 전쟁터에서였을까

■ 제22회 현대시작품상 특집 / 수상소감 ■

밤하늘에서 별자리를 잇듯

　얼마 전 어린 친구에게 점 잇기 컬러링북을 선물로 받았습니다. 페이지를 열면 페이지마다 수많은 점과 그 점에 붙은 일련의 숫자들이 흩어져 있었습니다. 쏟아진 알곡들처럼, 좀이 슬어놓은 점점이 박힌 얼룩들처럼요. 점에 붙은 숫자를 따라 점과 점을 연결하면 흩어진 점들이 이어져 선이 되고 면이 되었습니다. 악어 머리가 되고 누군가의 얼굴이 되고, 에펠탑이 되고 알람브라 궁전이 되었습니다. 밤하늘에서 별자리를 잇듯이요.
　점 잇기를 좋아했던 어릴 때가 있었습니다. 집중력과 지구력을 필요로 하는 점 잇기 놀이를 저는 곧잘 했습니다. 그것도 앉은 자리에서 끝을 봐야 직성이 풀리곤 했습니다. 어릴 적 향수에 젖어 팔을 걷어붙이고 첫 페이지를 펼쳤습니다. 숫자가 400쯤에 이르자 형상이 드러나기 시작했습니다. 팔은 뻐근해지고 머리는 맑아졌습니다. 그 선물은 제 늘어진 시간을 당기라는, 날뛰는 시간을 다스리라는, 병든 시간을 꿰매라는 어린 친구의 토닥임이었을까요?
　그때 저는 시를 생각했습니다. 끊어진 시간, 끊어진 기억, 끊어진 보행, 끊어진 마음, 끊어진 관계, 그렇게 끊어진 점들을 한 줄로 잇는 일이 저에게는 시를 쓰는 일인 것만 같습니다. 시 쓰기가 점 잇기와 다른 점은 새들의 길처럼 그 궤도가 보이지 않는다는 것일 겁니다. 언어와 언어를 이으면서 안 보이는 세상 모든 마음을 한 줄로 이어 길을 찾는 일이 시겠구나, 생각했었습니다.

저는 점 같은 타자이곤 했습니다. 가족 구성원 속에서, 사회의 구성원 속에서, 강단에서 그리고 문단에서도요. 저는 자주 주눅 들어 있었고 제 생각과 행동을 자주 검열해야 했습니다. 자신을 괄호로 치거나 스스로 투명해지는 데도 익숙했습니다. 그때마다 주어진 슬픔과 고통과 불행을 묵묵히 들여다보곤 했습니다. 시를 쓴다는 건 그런 나를 알아가는 일이었고 기억하는 일이었습니다. 그런 나를 세워 일으키는 일이었고 지켜내는 일이었습니다. 그리고 제 곁의 사람들을 이해하는 일이었고 그들과 나누는 일이었고 그들을 사랑하는 일이었습니다. 그러니까 저를 잇고, 저와 세상을 잇는 일이었습니다. 제 삶에서 선택하고 실천하고 행동하는 기준을 세우는 일이었고, 조금 더 나은 사람이 되는 일이었습니다. 시의 자리, 시가 있어야 할 자리라고 믿고 있습니다.

모든 상의 의미는 지금껏 해온 일을 계속해도 된다는 승인이자 더할 수 있도록 응원해주는 따뜻한 토닥임이라고 믿고 있습니다. 33년 동안 시를 꼭 붙들고 있었던 저의 근기根氣를 눈여겨 보아주신 심사위원들의 격려와 기대일 것입니다. 함께 호명되었던 일곱 분의 선후배 시인님께도 감사드립니다. 그분들 모두 수상에 손색이 없는 시인들이기에 그분들 중 한 분이 수상하리라 생각했었습니다. 행운이 저에게 먼저 찾아온 것으로 생각합니다. 한바탕의 시 마당을 마련해준 현대시사에게도 감사의 마음 전합니다. 기죽지 말고 눈치 보지 말고 더 나아가라는, 조금 더 자신 있게 나아가도 되겠다는 지지와 응원으로 이 상을 받겠습니다. 그리고 다시, 아침이면 못나고 저녁이면 꽤 괜찮기도 한 제 시들과 아옹다옹 더 씨름하며, "거목을 쓰러뜨리는 마지막 한 도끼", "거기까지 한 걸음 더"(졸시, 「한 걸음 더」) 나아가겠습니다. 한 걸음에 한 걸음을 잇듯 나아가겠습니다. 제 시는 그 자리에 있을 것입니다.詩

제22회 현대시작품상 특집 / 자전 에세이

내 시의 뿌리들,
공과 술과 벗과 딸과 병

정끝별

폐에 이상 소견이 발견되었습니다

"내원하여 정밀검사를 받으시기 바랍니다. 코로나 음성 확인 후 진료 가능합니다." 지난해 건강검진 폐 ct 결과였다. 연구년으로 이런저런 긴장이 풀린 탓인지 몸 여기저기가 무너졌고 코로나로 정지된 일상은 기름을 부었다. 코로나 검사를 어디서 어떻게 받지? 이렇게 시작된 병원행은 롤러코스터였다. 가까스로 넘어온 죽음의 문턱들이 하나둘 떠올랐다.

아기 때 경기[風]를 자주 일으켰다. 초저녁 밤이었다. 어린 나는 어디가 아픈지 칭얼대고 젊은 엄마는 물에 씻은 김치를 숭늉에 올려 떠먹이고 있었다. 그때 아버지가 허리를 굽히고 방으로 들어오셨다. 엄마는 아버지 저녁상을 차리러 나가고 아버지가 내게 숭늉을 떠먹이려 했다. 아버지의 술 냄새 때문이었을까 나는 더 칭얼댔다. 내가 숟가락을 밀쳤던 건지 그래서 아버지가 버럭 소리를 질렀던 건지 모른다. 이유가 없었을지도 모른다. 경기를 일으켰고 털실로 짠 군청색 바지에 똥을 쌌던 거 같다.

조금 더 커서의 일이다. 외할머니 회갑에 맞춰 엄마의 친정행이 예정되어 있었는데 나의 원인 모를 열병이 시작되었다. 엄마는 아픈 나를 데리고 가기로 했다. 처음 가보는 영암의 외갓집은 잔칫집이었으나 도착하자마자 나는 다리를 쓰지 못했다. 첫 외갓집 나들이에 동티가 났다고 했다. 외숙의 자전거 뒷자리에 앉아 매일 읍내 병원을 오가며 주사를 맞고 약을 먹었다. 풍년든 음식들 속에서 흰죽만 먹었고, 풍년든 사람들 발치에 누워만 있었다. 잔치가 끝나고 이모 집에 도착하자마자 걸었다.

초등학교 입학 직후였다. 얼굴에 퍼진 붉은 반점과 고열로 며칠째 학교에도 가지 못한 채 아랫목에 누워 있었다. 머리에 흰 수건을 쓰고 소복을 입은 낯선 여자가 횃대에 걸린 옷을 걷고 있었다. 뒷모습이었다. 엄마를 부르려는데 소리가 나지 않았다. 여자가 걷은 옷을 들고 문을 열고 나갔다. 그리고도 한참을 가위에 눌린 듯 꼼짝을 못했다. 잠이 든 건지 정신이 나간 건지 모르겠다. 깼을 때는 엄마 팔에 기대 있었다. 엄마는 내내 마당에 있었다 하고 없어진 옷도 없었다. 내가 봤던 건 무엇이었을까.

또래에 비해 작고 왜소한 데다 자주 넘어지고 자주 다쳤다. 체육을 못 했고 특히 달리기를 못 했다. 나는 늘 꼴찌였고 픽픽 쓰러지기 일쑤였다. 대학 입시에서도 사투했던 게 체력장이었다. 대학 입학 후 폐결핵을 앓았다. 매일 아침 한 움큼의 약을 먹고 대학보건소에 들러 주사를 맞았다. 엉덩이 양쪽이 딱딱해지기도 했다. 스무 살 청춘은 그렇게 항생제로 시작되었다. 위장약과 진통제와 빈혈약을 달고 살았다. 스물일곱 즈음엔 복통으로 응급실에 실려 가 맹장 수술을 했다.

신혼 초였다. 비교적 간단한 수술을 한 직후였고 남편은 해외 출장 중이었다. 자정 즈음의 밤 운전 중이었다. 수술 부위가 터져 피가 흐르고 있었다. 흐르는 피 때문에라도 집에 가야 한다는 생각뿐이었다. 잠깐 의식을 잃었던지 깨보니 자동차가 연석에 걸려 서 있었다. 어떻게 운전해서 집에 왔는지 기억에 없다. 아파트 입구에 시동도 안 끈 채 차가 세워져 있었고 차에서부터 엘리베이터, 거실에 피가 뚝뚝 떨어져 있었다고 했다. 집에서의 기억은 선명하다. 화장실에서 몸에 묻은 피를 닦고 안방에서 옷을 갈아입고 119와 아버지에게 전화하고 의식을 잃었다. 사경을 헤매면서도 꼭 봐야 할 사람을 본 후 한 마디를 남기고 죽었던 드라마의 장면은 과장이 아니었다. 어떤 간절함은 의식을 놓지 못 하게 하고 그런 의지가 죽음을 지연하기도 한다는 걸 믿게 되었다. 죽음은 잠처럼 쏟아지거나 기절처럼 끊긴다는 것도, 육체적인 고통은 어느 지점에서는 지각되지 않는다는 것도.

구급대원이 먼저 도착했다. 침대 시트에 들려 구급차에 옮겨졌다. 그때 아버지가 도착했다. 구급차 안에서 구급대원이 아버지에게 물었다. "따님이 과다출혈로 쇼크 상태예요, 긴급 수혈이 필요한데, 따님 혈액형이 뭡니까?" 아버지는 모른다고 했다. 그리고는 늘어진 내 손을 부여잡고 "정박사"라고 불렀다. 아버지는 마지막으로 나를 정박사라고 불러보고 싶었다고 했다. 박사학위를 받은 직후였다. 응급실에 이송되어서도 쇼크 상태라는데 소리로 다 지각되었다. 영이든 영혼이든 의식이든, 죽은 후에도 한동안 육체에 머무는 시간이 있다는 것도 믿게 되었다. 단지 살아 있는 사람과 소통할 수 없을 뿐이라는 것도.

수술을 위해 10여 회에 걸친 전신마취를 했었다. 잠깐 잠이 들었다 깨어나는, 수술을 위한 과정이었다. 그러나 재작년의 수술은 조금 달랐다. 마취과의 허가가 나오지 않았다. 계속되는 검사에 검사, 이런저런 치료와 준비, 응급 시 매뉴얼을 마련하고 나서야 수술대에 오를 수 있었다. 전신마취에서 깨어나기 쉽지 않은 몸이 되어 있었고 급기야 지난해에는 이 사달이 난 것이다.

우리 바다 보러 갈까?

2016년 겨울이었다. 수능 성적표를 받고 자기 나름의 실패를 감당하고 있는 둘째를 지켜보는 일은 이중의 고통이었다. 어떻게 손을 내밀어야 할지 몰라 전전긍긍하던 중, 아이에게 전화했다. "우리 바다 보러 갈까?" "언제?" "지금!" 그렇게 아이와 나는 시내에서 만나 저물어가는 서울을 떠났다. 밤이 되어서야 정동진에 도착했다. 가까운 횟집에 들어가 회와 매운탕, 그리고 소주를 시켰다. 아이의 눈치를 보며 띄엄띄엄 말을 건넸으나 단답형의 답이 되돌아왔다. 숙소에 들어와 맥주를 마셨다. 아이는 사춘기 때 상처로 남은 나의 폭력적 언행들을 토로했다. 사과하고 싶었으나 입에서는 변명이 먼저 나오곤 했다.

나는 좋은 엄마에 이르지 못했다. 두 딸이 여자로 살아내야 할 시간에, 여자로 살았던 내 시간을 투사시키곤 했다. 나는 남자에게 피해의식이 있었다. 남자보다 두 배 이상의 능력을 발휘해야, 그것도 운이 따라줘야 남자의 하나만큼을 인정받는다고 생각하며 살았다. 자신을 지키고 세우려면 여자 스스로가 더 강해져야 한다고 생각했다. 그러니 딸들의 실수와 실패에 관대하지 못했다. 따듯하게 손 내밀지 못했고 꼭 껴안아 주지 못했다. 첫째는 초등 6학년 때 사춘기가 시작되었다. 이런저런 언쟁 끝에, 엄마랑 새벽시장에 가서 쇼핑하고 길거리에서 떡볶이를 사 먹는 친구들이 부럽다고 했다. 그때 나는 이렇게 말했다. "잠자야 할 시간에 사야 할 게 뭐가 있니? 떡볶이 먹고 싶으면 지금 해줄까?" 그때 그렇게 얘기하면 안 되었다. 그러나 그때는 미처 깨닫지 못했다. 둘째는 고등학교 입학하면서 사춘기가 시작되었다. 핸드폰과의 전쟁이었다. 두 딸의 사춘기와 입시를 통과하면서 나는 프랑켄슈타인이 되어갔다. 저녁에는 아이의 책가방을 메고 귀가해, 아침에는 내 가방을 메고 나갔다. 저녁엔 닦달에 채근하고 아침엔 사탕에 당근을 내밀었다. 나는 내가 다중인격장애자가 된 것만 같았다. 번번이 아이들의 마음을 헤아리지 못했다. 나도 경황이 없었던 것이다.

둘째에게 그런 얘기를 하고 싶었으나 하지 못했다. 둘째가 몇몇 기억을 더 소환했고 같이 울다가 껴안고 잤다. 이튿날 아침 해물 수제비 한 그릇을 나눠 먹고 정동진 바닷가를 걸었다. 둘 다 말이 없었다. 둘째는 등명 낙가사를 보고 싶다고 했다. 낙가사에 도착했을 때 비가 내렸다. 나를 배려한 것인지 아이는 혼자 가고 싶어 했다. 부슬부슬 겨울비가 내리는 절집을 혼자서 거닐며 무슨 생각을 할지 헤아리며 기다리다, 강릉에서 점을 봤다던 친구의 얘기를 떠올렸다. 나는 차에 탄 아이에게 말했다. "우리 점 보러 갈까?" 강릉에 사는 이홍섭 시인에게 전화해 용한 점집을 물었다. 그 또한 인연이니 발길 닿는 대로 가라고 했다.

卍자가 많은 오래된 동네였다. 무슨 선녀집이었다. 족히 육십은 돼 보이는 여자가 젖은 손을 훔치며 나와 이불이 깔린 문간방으로 안내했다. 쌀알을 집어 밥상 위에 펼쳐놓고 다시 엽전을 흔들다 펼치고는 방울을 흔들며 복채를 놓으란다. 오만 원권 한 장을 올려놓고 "아이의 진로가 궁금해서요" 했다. 둘째를 힐끗 쳐다보더니 "이삼 년 후에 시집가겠네, 남자가 듬직해, 아이도 둘쯤 낳겠고 먹고살 만한데." 깔깔깔 웃었다. 이번에는 강릉 유명 점집으로 검색해 내비게이션을 따라 시내로 갔다. 신축 빌라 1층이었다. 50대 안쪽의 여자 앞에 신당을 바라보고 앉았다. 정보를 흘리지 않으려는 점보는 자와 정보를 얻으려는 점쟁이가 주고받는 말들은 애매하고 모호했다. 내 눈을 빤히 보며 점쟁이가 말했다. "본인이 보는 사람인데요". 다시 하하하 웃으며 속초를 향했다. 대게를 먹고 밤바다를 돌면서 아이에게 물었다. "하루 더 묵을까?" "낼 약속 있는데……" 조수석에서 쿨쿨 자는 아이와 캄캄한 밤을 달려 집에 도착하니 2시가 되어가고 있었다. 아이들로부터 해방은 일 년이 연장되었다. 낙가사에서 둘째는 재수를 결심했다고 했다.

남가좌동이 어디지?

1992년 가을에 결혼했다. 신혼집은 남가좌동에 있던 15평 신축 다세대주택 2층이었다. 침대도 들어가지 않은 안방, 책상과 책꽂이가 가까스로 들어가는 작은 방, 그리고 2인용 식탁이 전부를 차지하는 거실 겸 주방이 일렬로 연결되어 있었다. 침대 대신 깔았던 매트리스를 한쪽 벽으로 세우고 집들이를 했다. 권대웅, 전동균, 주창윤, 장석남 시인과 김경수 평론가 등이 초대되었다. 다들 남가좌동이 처음인 터라 신촌에서 모여 전화에 전화를 거듭하며 찾아왔다. 좁은 방에 다닥다닥 앉아 즐겁게 도란도란 먹고 마셨다. 그들은 그때를 이렇게 얘기했다. 아내 집들이를 갔는데 초대된 사람들이 다 남자였다고, 아내의 남자 동료들을 남편이 서빙하고 접대했다고, 시바스 리갈이라는 양주를 처음 먹어봤다고, 낙지호롱이와 홍어 등 원조 전라도 음식을 처음 먹어봤다고.

2013년이 끝나갈 즈음이었다. 권대웅 가족, 김연수 가족, 우리 가족은, 변왕중 가족이 사는 태국 치앙마이로 여행을 갔다. 모두 글이나 책과 관련된 직업을 가진 사람들이었고 아이들까지 비슷한 또래의 딸들이어서 이래저래 잘 스며들었다. 잘 먹고 잘 구경하고 잘 놀았다. 그곳에서 나는 오십 생일을 맞았다. 양력으로 환산해야 하는 내 생일을 가족들이 잊었다고 내심 서운하던 중이었는데, 저녁 식사 자리에 깜짝 생일 축하 자리가 마련되어 있었다. 눈치 빠른 나를 감쪽같이 속이고 케이크를 사고 몰래몰래 선물들을 마련하고 예약을 했던 것이다. 집 아닌 곳에서 가족들의, 가족 아닌 그것도 좋아하는 사람들의 깜짝 생일 축하를 받아본 건 처음이었다. 너무 환한 쉰 잔치였다.

이튿날 새해맞이 기원을 담아 가족마다 하나씩 풍등을 띄우기로 했다. 각자의 소망을 담아 풍등에 썼다. 풍등 안에 불을 붙이고 넷이서 네 모퉁이를 붙잡아 저문 하늘에 사뿐히 올려 띄웠다. 다른 풍등과 함께 점점 멀어지는 환한 불빛을 보면서 미처 쓰지 못한 뭔가를 기원했다. 그리고 누군가 말했다.

"태준이 풍등도 띄워주자." 중대한 일을 앞둔 문태준 시인을 위한 덕담을 하나씩 썼다. 나는 '극뽁'이라고 썼다. 그리고 모두 한 모퉁이를 잡고 띄웠다. 순풍을 돛단 듯 잘 나아가는 풍등을 보며 덕담을 보태던 순간, 풍등이 전선에 걸렸다. 떨어질 것만 같았다. 여기저기서 안타까운 탄성이 터졌다. 다급한 마음에 내가 "극뽁, 극뽁"을 외치자 모두 한마음이 되어 외쳤다. "극뽁, 극뽁" 소리에 놀랐던지 태준이 풍등이 조금 흔들리다 전선을 건너 더 멀리 떠가기 시작했다. 환호성이 터졌다. 태준이 풍등이 그날 우리 모두를 하나 되게 해주었다.

그들을 처음 만난 건 등단 직후인 1988년 가을이었다. 그즈음에 등단한 또래 시인들이 만나 앤솔로지를 내보자는, 시인이 되고 받은 최초의 제안이었다. 그리고 7인의 신인 시인 앤솔로지『사랑 찾으러 새날이 온다』(태성, 1990)가 나왔다. 신촌에서 자주 만나 '신촌 블루스', 서로의 시와 재능을 부러워해 '질투'라고 부르자는 말이 농담처럼 나오기도 했으나, 다들 적당히 샤이하고 적당히 독고다이 기질이 있었기에 동인 활동으로 이어지지 않았다. 시집을 내고 수상을 하고, 애인을 소개하고 결혼을 하고, 이사를 하고 집들이를 하고, 아이를 낳고 키우고, 그런 소소한 일상을 공유하면서 33년을 함께 늙어가는 중이다. 그들의 시들을 읽으면서 그들과 함께 간다는 생각에 나는 시를 놓지 않을 수 있었다. 문단에 스승도 선배도, 이렇다 할 학연도 지연도 없이 천애고아 같던 내게는 그들이 문단이자 시단이었다.

신촌에서 백마, 그리고 문산까지

대학 2학년부터 시에 발을 들여놓기 시작했다. 이화문학회와 술과 함께였다. "술을 마시지 않고도 함께 할 수 있는데 왜 자꾸 마시라는 거예요." 울면서 대접에 소주를 따라 마셨다. 물론 사망각이었다. 하이라이트는 여름이 끝나갈 즈음이었다. 점심 즈음에 비가 왔다. 비 오는 날은 낮술이라며 술집으로 모여들었다. 돈이 넉넉지 않았으니 두부김치 하나를 시켜 놓고 소주를 마셔 댔을 것이다. 빈속에 들어간 소주의 화력은 발전소 급이었다. 저녁이 되었을 때 교문 앞에서 주저앉고 말았다. 흰 블라우스에 청바지 차림이었고 낮부터 내린 비가 여전히 내리고 있었다.

3학년 가을이었다. 우리는 신촌에서 기차를 타고 백마에 가기를 즐겼다. 80년대 중반의 뜨겁고 살벌한 대학 생활에서 그건 마치 잠깐의 현실도피처럼 낭만을 찾아 숨을 몰아쉬는 시간이었다. 그날도 후배와 둘이서 동동주에 파전을 그리며 신촌역으로 달려갔다. 정말 코앞에서 기차를 놓쳤다. 다음 기차를 타려면 한 시간을 기다려야 했다. 기차표 값이 아깝기도 해 호기롭게 기차를 뒤따라 백마까지 걸어가기로 했다. 물론 제지하는 승무원도 없었다. 가좌역을 지나자 가을 들길이 펼쳐졌다. 그때 철길의 쇳내와 가을 들판의 벼 냄새는 시간의 냄새로 각인되었다. 수색을 지나 능곡쯤을 지났을까. 다리가 아팠다. 철길 가에 잠시 앉았다 가기로 했다. 그때 우리는 서로의 시에 관해 얘기하고 있었다. 신촌 쪽에서 기차가 달려왔고 기차가 지나가려니 했다.

그런데 웬걸, 기차가 급정거 소리를 내며 멈추는 게 아닌가. 제복을 입은 기장과 승무원인 듯한 사람이 달려왔다. "여기서 뭐 하는 거야?" 우리는 현행범으로 체포(!)되어 기차에 올라탔다. 기장실 한쪽에 서서 종착역 문산까지 갔다. 역무실에 끌려가 철도용지 내 통행금지, 열차운행에 지장 초래로 철도법을 위반했으니 경찰에 인계해야 한다며 소지품 검색을 당했다. 학생증을 보더니 한결 누그러진 목소리로 물었다. "왜 거기 있었던 거야, 죽으려 했던 건 아니지?" 나는 겁먹은 목소리로 자초지종을 말했다. 누군가 말했다, "반성문 받고 보내죠." 우리는 구석에 앉아 내학노트 한 장씩을 찢어 반성문을 썼다. 후배는 큰 글씨로 단 두 줄을 썼다. "반성합니다. 철도법을 준수하겠습니다." 후배가 남긴 여백을 대신 채워야 할 거 같아 육하원칙에 맞춰, 최대한 호소력 있게, 인과에 맞게, 답안지를 작성하듯, 쓰고서야 상행막차에 실려 다시 신촌역에 돌아올 수 있었다.

그렇게 이화문학회에서 배운 술은, 시와 학습과 데모와 한 몸이었다. 죄다 금기 혹은 금지의 대상이었다. 그것들은 스무 살까지 나를 키웠던 아버지와 오빠들의 질서에 대한 부정이자, 그들의 이름으로 상징되는 사회질서에 대한 부정이기도 했다. 내가 나고 자랐던 가족과 집과 사회와 시대가 부끄러웠다. 술을 마시면 울었고 울면서 귀가했다. 선후배들이 하나둘 감옥으로, 현장으로, 운동단체로 떠났으나, 나는 아버지와 오빠들에게 머리가 깎일 것 같아 무서웠고, 최루탄 지랄탄을 피해 달려야 하는 게 더 무서웠고(그렇게 달리다 넘어져 팔꿈치가 찢어지기도 했다), 무엇보다 나의 부르주아적 감수성이 제일 무서웠다. 나는 어정쩡하게 대학원을 선택했다. 거기에는 시가 있었다. 시를 선택한 게, 대학원을 선택한 게 도피가 아니라는 것을 스스로 증명하듯 공부를 했고, 그리고 썼다. 그리고 어언 40여 년. 나는 어느새 기득권을 너무 가진 세대가 되어 되었다. 가까스로 붙잡고 있는 이 시가 아니었다면 지금보다 더 부끄럽게 살았을 것이다.

나는 모든 공에 맞아봤다

나는 내가 못생겼다고 생각했다. 오빠들이 늘 그렇게 말했기 때문이다. 오빠들은 나를 쪼무리(어린애), 빵코(코가 둥글고 납작했다), 곰발라(뽀루지가 자주 났다), 찐빵(가무잡잡했다)이라 불렀다. 태어나 보니 12살, 10살, 8살, 2살 오빠와 6살 언니가 익숙한 장난감을 보듯 날 내려다보고 있었다. 그들은 이구동성 내가 자기네 등에서 컸다고 말한다. 다른 건 몰라도 막내 오빠와 '어깨를 견주며' 큰 건 맞다. 나는 보자기를 망토처럼 두르고 총을 들고 칼을 차고 골목을 주름잡고 다녔다. 골목대장인 막내 오빠는 늘 반대편 대장으로 나를 떠받들었고 칼싸움이든 총싸움이든 늘 내게 져줬다.

예닐곱 살 때였다. 아래채에 세 들어 살던 교언이라는 남자애가 있었다. 나와 나이가 같았다. 덩치가 나보다 훨씬 컸고 허여멀거니 잘 생겼던 거 같다. 교언이는 자기보다 위인 막내 오빠는 인정했으나 나는 만만하게 봤다. 어느 날 교언이가 내게 종주먹을 들이대며 말했다. "한 볼때기도 안되는 게 까불어." 집 앞 빈 밭에 모였다. 막내 오빠와 그의 수하들이 교언이와 날 둘러쌌다. 내 앞에 선 교언이는 거인처럼 컸다. 나는 오줌이 지릴 정도로 무서워 울기 직전이었다. 눈치챈 막내 오빠와 수하들이 소리치며 응원했다. "끝별아, 선빵, 선빵", "주먹을 땡겨 쥐고", "코를 날려, 코", "발로 옆구리를 쳐". 내 쪽으로 너무 기운 텃밭이었다. 교언이가 멈칫하는 순간 외치는 소리대로 오른손이 나갔고 오른발이 올라갔다. 함성이 들렸다. 교언이 코에서 피가 흘렀다. "피, 피"하는 소리에 놀라 교언이는 코피를 닦으며 울면서 집으로 갔다. 나는 그때 세상이 불공정하다는 걸 깨달았던 거 같다. 불공정한 승리는 부끄러운 것이라는 것도. 어쩌면 교언이를 좋아했던 것인지도 모른다. 그때 이후 나는 골목대장 노릇을 그만두었다.

그즈음이었을 것이다. 방학 때면 서울에서 오빠 언니들이 내려오곤 했다. 동네 오빠들이 서울에서 온 중학생 언니에게 히야까시를 걸었다. 달려가 오빠들을 불러왔다. 대학에 들어가 유도를 배우던 큰오빠가 또래의 멱살을 잡아 패대기를 쳤다. 한데 패대기를 내가 서 있는 쪽으로 치는 바람에 개골창에 빠진 건 나였다. 그대로 정신을 잃고 큰오빠 등에 업혀 왔다. 오빠들이 몸싸움하는 걸 보거나 말리는 건 다반사였고 그건 늘 공포였다.

오빠들은 뭉쳐 다녔다. 농구를 하고 야구를 하고, 배구를 하고 축구를 하고, 탁구를 하고 당구를 했다. 잠깐은 럭비를 했다. 그들은 나를 공놀이에 데리고 다녔다. 나는 모든 공에 다 맞아봤다. 제일 아픈 건 농구공이었다. 찰고무 재질에 접촉 면적이 넓어 살 껍질이 벗겨지는 느낌이었다. 그래서였을까. 나는 모든 공들을 무서워한다. 달려오는 공들은 내게 흉기 같았다. 학교에서도 공놀이 시간이 무서웠다. 단체 피구를 해야 할 때도 먼저 맞아 일찍 죽거나, 선 가까이에 술래처럼 서서 움직이지 않았다. 공격이 싫고 속도가 싫고 긴장이 싫고 경쟁이 싫고 승패가 싫었다. 내가 스포츠 경기를 싫어하는 이유다. 권투나 유도나 검도처럼 직접 싸우는 건 더더욱 질색이다. 나는 늘 패자를 응원했다. 그런데도 오빠들의 공놀이를 쫓아다녔던 건 그 오빠들이 자랑스러웠고 오빠들과 함께 하는 게 좋아서였다. 공놀이가 끝나기를 기다리는 동안 나는 모든 공놀이의 용어와 규칙을 익혔다. 승패를 예측하고 분석하곤 했다. 그들에게서 싸움의 법칙과 승벽을 배웠다.

오빠들은 러닝셔츠에 팬티 바람으로 다녔지만, 언니와 나는 살을 드러내서는 안 되었다. 열 살쯤 서울로 올라와 막 골목집에 살았는데, 여름 한밤중이면 방범대원들이 대문을 두드리며 "대문 좀 닫고 주무세요"라고 외치곤 했다. 오빠들은 자다가 이렇게 대답했다. "괜찮아요, 몸 좀 풀게요." 나는 내 방 창문에 자바라를 설치해 달라고 했고 한여름에도 문을 꼭 잠그고 잤다. 출가외인, 가정교육, 몸가짐, 언행, 이런 말들에 둘러싸여 세뇌당했고 그 말들은 내상이 되었다. 언니처럼 나도 여대에 보내졌다. 그러나 나는 아버지와 오빠들의 기대와 다른 방향으로 나아갔다. '운동권'을 기웃거렸고 '페미'가 되어갔다. 나는 소망했다, 아버지와 오빠들이 내게 금지한 것들을. 오빠들을 쫓아다니며 배운 근성, 승벽, 지는 법과 지지 않는 법은 역설적이게도 아버지와 오빠들로 상징되는 것들과 싸워야 하는 나의 비밀병기가 되었다. 그리고 보면 아버지와 오빠들이 있었기에 나는 페미니즘에 입문했고 여성으로서 스스로를 보호할 수 있었다.

내 약지는 검지보다 길다. 남성 호르몬에 더 노출되었기 때문이란다. 한때 그 약지에 반지를 끼고 다닌 적도 있으나 내 손가락은 좀체 반지에 익숙해지지 않았다. 언제부터인가 반지를 끼지 않는다. 공놀이를 즐기지 않듯 반지, 목걸이, 귀걸이, 팔찌, 시계 등속을 즐겨 하지 않는다. 약지의 용도는 점점 줄

어드는데 길이는 점점 더 늘어나는 것만 같다. 혹시 내가 아버지 오빠들을 닮아 있는 건 아닐까, 그게 요즘 나의 불안이다. 詩

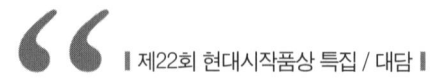

시와 삶이 함께 간다는 것

정끝별 · 손미

손 미 : 안녕하세요 선생님 수상을 진심으로 축하드립니다! 이런 기쁜 소식을 가까이에서 듣고, 축하드릴 수 있어서 정말 기뻐요. 선생님. 수상 소식을 들으셨을 때 어디에서 무엇을 하고 계셨는지 궁금합니다.

정끝별 : 감사합니다. 편하게 수상 소식을 나눌 수 있는 손미 시인과 대담을 하게 돼서 더욱 기쁘구요. 대학도 예외 없이 코로나 불똥에 시달렸던 지난해에 저는 연구년이었어요. 하지만 총량의 법칙은 어김이 없어서, 복귀한 올 봄 내내 비대면 강의를 익히느라 왼쪽 눈에 핏줄이 연탄로 터진 채 강의를 준비하던 중에 전화로 들었어요.

손 미 : 와! 기가 막힌 타이밍이었네요. 근심이 한 번에 걷히는 시원한 기분

▲ 2021년 3월 31일(수) | 현대시 최의실

이었을 것 같아요. 그동안 많은 수상을 하셨잖아요. 이번 현대시작품상이 갖는 의미가 남다를 것 같아요.

정끝별 : 다행이라는 생각이 먼저 들었어요. 두어 달 전 '현대시작품상' 8명의 후보로 선정되었으니 2020년에 발표한 대표시 5편을 보내달라는 전화를 받았어요. 이 상은 명실상부하게 우리 시단의 '일진'에 서서 첨단의 '현대시'를 이끌어가는 젊은 시인들에게 주는 상이잖아요. 헌데 제가 좀 연식이 있다 보니, "새로워진 '현대시작품상'을 응원하는 마음으로 보내드릴게요. 다음부터 저는 후보에서 좀 빼주세요"라고 했어요. 그리고는 전화를 끊자마자 후회했어요. '일진'에 선 후배시인들과 나란히 서는 것도 영광이고, 그들을 위해 배경이 되어주는 것도

'뽀대'나는 일인데 싫었거든요. 게다가 『현대시』 3월호에 제 시에만 작품 해설이 누락되어, 당선작 특집호에 후보작인 내 작품론이 함께 실리면 모양 좀 빠지겠구나 걱정하던 차에 오형엽 주간이 수상 소식을 전해주었어요. 당선작 특집호는 5월호라는 정보와 함께요. 그러니 다행이었던 거지요.

이건 좀 너스레였구요, 실은 새삼 기뻤어요. 2년 전 출간한 여섯 번째 시집 『봄이고 첨이고 덤입니다』에서 신이 나서 이런저런 시적 시도와 모색을 해보았는데 내심 불안한 마음이 없었던 건 아니었어요. 젊은이들이 궁금해 하지 않은 시를 쓰는 게 의미가 있을까라는 고민과, 나의 시적 시도와 모색이 과도한 옷을 입는 것처럼 읽히는 건 아닐까 하는 불안이 동시에 내재해 있었거든요. 중진시인으로서 그동안 해왔던 걸 더 깊이 파야 한다는 얘기를 들을 때면 더더욱요. 그런 저런 고민과 불안 속에 있던 저에게 현대시작품상 수상 소식은 쓰고 싶은 대로 더 써보라는 토닥임 같아 큰 힘이 됩니다.

손　미 : 아무런 기대 없이 온 수상 소식이 더 반갑고 놀라웠겠어요. 쓰고 싶은 대로 써보라는 토닥임에 저의 응원도 보태드리고 싶어요. 정끝별의 시는 어떤 방향에서 봐도 정끝별의 시니까요. 오랫동안 쓰기 위해선 건강이 가장 중요하다고 생각해요. 최근 통화에서, 그동안 건강이 안 좋으셨다는 말씀에 많이 걱정했어요. 건강을 비롯하여 선생님의 안부가 궁금합니다.

정끝별 : 지난해 가을 정기건강검진에서 폐 ct 결과가 나쁘게 나와 그 원인을 찾느라 고생을 좀 하고 있어요. 가능성들을 지워가며 치료 중입니다. 제가 원래 폐 관련 기저질환자라서 알레르기, 미세먼지에 늘 골골거리는데 코로나까지 덮치니 저에게는 최악의 한 해였어요. 다행히 연

구년이어서, 30년 전에 시작했으나 띄엄띄엄 쓰면서 차일피일 미뤄두었던 『시론』 원고를 넘길 수 있었어요. 미뤄둔 숙제와도 같던 시론도 털었고, 이런저런 책임과 의무와 생업들로부터 조금 자유로워지면서 시에 대한 고민이 점점 더 많아지는 즈음입니다. 당장은 비대면 수업과 전쟁 중이구요.

손 미 : 비대면 수업과의 전쟁에 정말 공감합니다. 선생님의 이번 수상작 중 하나인 「이 시는 새 개의 새시입니다」를 읽는데, 위로를 받았어요. "무엇이든 돼! 돼! 돼! 무엇이어도 괜찮아, 괜찮아// 엎질러진 그림자라면 더욱"이라는 구절과 "그림자가 날 일으켜 세"운다는 표현이요. "밤이 오면 크나큰 날개가 날 덮어줄 것이다"는 말이 좋았어요. 좋은 것도 나쁜 것도 없이, "새는 것은 실패가 아"니니 우리가 지나온 모든 그림자들이 날개가 될 수 있다는 희망으로 보았습니다.

정끝별 : 시를 쓰다 보면 출사표와 같은 시들이 있잖아요. 제 시에서는 「옹관」, 「춘수」, 「불멸의 표절」, 「일파 만파 답파」, 「한 걸음 더」 같은 시들인데, 제가 제 스스로를 울력하는 간절한 의지를 담은 시들이지요. 「이 시는 새 개의 새시입니다」도 그렇습니다. 얼마 전 제 시에 새가 없다는 걸 자각했어요. 40대 즈음에 제 시에 꽃이 없다는 걸 자각했던 거랑 비슷해요. 이제껏 차마 새를 꿈꾸지 못했더라구요. 이를테면 가뭄에 콩 나듯 등장하는 새도 '둥지새'나 까치, 까치도 까치새보다 까치집을 먼저 보고 있더라구요. 헌데 사춘기 때는 새를 엄청 좋아했었어요. 그것도 비상에 비상을 거듭하는 새를 그리며 황홀해했었어요. 새가 되고 싶었던 내가 새되어 있더라구요. 새에 관한 몇 편의 시가 휘리릭 써졌어요. 이 시를 쓰면서 새된 나를 새 되어 날게 하고 싶었죠. 그러려면 나의 뿌리이자 나의 바닥인 그림자로부터 멀어져야겠구나, 그림

자를 날개로 삼아야 날 수 있겠구나, 줄줄줄 새야 새가 될 수 있겠구나, 그래야 더 멀리 더 높이 날겠구나, 싶었어요. 새가 되고 싶은 바람을 희망이라는 솟대에 매달아 솟아오르게 하듯 쓴 시예요. 사실은 희망이라는 대도 없이 훌쩍 날아갔으면 하는 마음이 담겼을 거예요. 규율과 서열, 책임과 의무로부터 조금 자유로워진 덕분이겠죠.

손 미 : "나의 바닥인 그림자와 멀어진다"는 말씀에 해답이 있었네요. 이 시가 그토록 깊게 다가온 이유요. 이번 대담을 준비하면서 다시 펼친 『와락』에서 습작 때 썼던, 저의 연필 글씨를 발견했습니다. 「설렁탕과 로맨스」라는 시 밑에 이토록 놀라운 내공이라니 라고 적어놨더라고요. 선생님의 시편들은 대상들에게 부여하는 공평한 무게가 있습니다. 어떤 것도 폭력적으로 정의하거나 비극으로 판단하여 오열하지 않는, 세상과 "합석"한 시인의 모습을 보았습니다. 그런 깊숙한 경지가 바로 "자유"가 아닐까 생각합니다.

정끝별 : 『봄이고 첨이고 덤입니다』 해설 제목이 '발란사balanza의 춤'(조강석)이예요. 혜안이시다 싶었어요. 제 탄생일, 혈액형, 사주가 모두 발란스를 가리키고 있거든요. 가족, 문단, 취업, 사회 등 불공평하고 불공정하고 불평등한 구조 속에서 자랐고 여전히 살고 있지요. 현실에서는 자유로울 수 없었으니 사유 속에서, 상상 속에서, 시 속에서는 자유를 갈망했겠으나 「설렁탕과 로맨스」도 자유롭지 못한 상황을 그렸다고 생각했어요. 자유롭다면 '그 남자'를 보거나 아예 안보지 않을까요? 그런데 손미 시인의 얘기처럼 균형에서 비롯되는 공평, 공정, 공존, 공생, 공동(체)의 자유가 진짜 자유라면 그게 자유일 수도 있겠다는 생각이 드네요. 날개가 두 개인 건 자유에 균형이 필요하기 때문이라는 생각도요. 저는 제 선택으로 인해 힘이 행사되는 것에 대

한 공포가 있어요. 의도하지 않은 채 타인의 자유나 권리를 해칠 수 있다는 생각을 하거든요. 그래서 기울어진 운동장에서 스스로 나갈 수 있거나 스스로를 지킬 수 있을 정도의 힘만 가졌으면 해요. 그게 정말 저의 자유라고 생각하니, 그런 점에서 통하네요.

손 미 : 최근작 「동물을 위한 나라는 없다」에서의 마지막 구절 "우리가 너무 무서운 사람인 것만 같아" 같은 구절과 「당신의 파업」, 「천불철탑」, 「또다시 네거리에서」와 같은 시에서 보여줬던 사회를 보는 시선도, 존재하는 모든 것에 대한 시인의 사랑으로 읽었어요. 결국 사랑하기 때문에 미안하고, 사랑하기 때문에 관찰하고 기록하는 게 아닐까요?

정끝별 : 저는 1988년 등단했어요. 386세대 시인인 셈인데, 저뿐만 아니라 그 세대에게 시는 사람과 삶과 사회와 시대의 산물이자 좌표였어요. 등단 시 「칼레와 바다」도 5.18에 대한 헌시였구요. 등단 직후였는데, 당시 평론도 활발히 쓰셨던 정한용 시인이 저를 남성시인, 민중시인으로 그루핑했던 기억이 나네요. 얼마 전에 만난 후배가 "우리 사회의 비전을 묻는 칼럼을 청탁받는 시인이 되어야 한다"는 말을 들으면서 아, 그래 우리는 20대에 80년대를 공유한 20세기 시인이라는 강한 동지의식을 느꼈어요. 제 시의 DNA 속에서 시는 사회와 사람과 생명과 사랑이 하나예요. 특히 최근에는 새시와 함께 동물시를 많이 썼어요. 2년 전에 딸들이 죽어가는 아깽이를 데려와 키우고 있는데 자연스레 동물권에 눈뜨게 되더라구요. 뽀또 양, 장비 군이예요. 고양이 알러지가 있는데 약 먹으면서 키워요. 그것 또한 사랑이겠죠?

손 미 : 언제나 생각하는 건데, 시인들이 키우는 고양이 이름은 언제나 새로워요. 그렇게 치열했던 20대를 지나, 또 생활이라는 30대를 지나, 선

생님께서 마흔 즈음에 쓰신 글을 읽었어요. 소월시문학상 당선시집이었는데 시가 2순위 3순위가 되었다고 고백하셨어요. 공식적인 자리에서 사적인 질문을 하나 하고 싶습니다. 저는 이 바쁜 생활에 머리채를 잡혀 끌려가며 먼 곳에서 저를 보고 있는 시에게 사죄하고 있습니다. 선생님의 「가스밸브를 열며」와 같은 시를 그냥 넘기지 못했던 이유도 거기에 있습니다.

정끝별 : 손미 시인 결혼 소식을 들었는데 대면 축하를 못했어요. 박사과정에 입학했다는 소식도 들었구요. 대담을 핑계로 만나서 축하와 안부를 나누고 싶었어요. 손미 시인과는 등단지도 같고, 일하면서 결혼과 공부를 병행하는 것도 같고, 무엇보다 언어와 상상력의 질감에서 동질감을 많이 느끼곤 해요. 물론 저보다 더 힘차게 발랄하게 치고 나가고 있지만요. 늘 응원과 지지의 마음을 보내고 있습니다. 그래서인지 손미 시인의 시에서 제 젊었을 때의 시적 고민을 엿보기도 합니다. 손미 시인의 「양파 공동체」를 읽으면서 제 시 「그림 속인 듯 4」이라는 시를 같이 놓고 읽었던 적이 있어요. 손미 시인의 "이제 들여보내 다오. 나는 쪼개지고 부서지고 얇아지는 양파를 쥐고 기도했다. … (중략)… 나는 때때로 양파에 입을 그린 뒤 얼싸안고 울고 싶다. 흰 방들이 꽉꽉 차 있는 양파를."(「양파 공동체」)이라는 구절과, "흰 방에 활처럼 모로 누운 그녀는 …(중략)… 하, 쪽파처럼 매운 욕설로 몰려오는 삶의 수렁에 웅크려 앉아 겹겹의 어둠을 벗기면 벗길수록 작게 빛나는 눈물, 또 어딜 벗기자고 두런두런 눈을 들어 다시 티눈 박힌 속살마저 벗기며"(「그림 속인 듯 4」)라는 구절이에요. 두 편 다 '머리채를 잡혀 끌려가며' 살아내는 30대의 여성 삶이 깔려 있다고 생각했어요. 그런 삶을 공유했던 거겠죠. 그걸 '양파 공동체'라고 명명해서 탁월하다고 생각했어요. 저는 그걸 또 '김지영 공동체'라고 읽기도 했구

요. 그렇게 질질 끌려갔던 30대 여성의 현실이 제 시에서는『흰 책』에 고스란히 담겨 있어요. 그리고 몇 해 전 둘째가 대학에 입학한 오십 중반에서야 놓여나는 느낌이었는데, 그때 쓴 시가「가스밸브를 열며」예요. 저도 오십에서야 '바다'를 본 거겠죠. 조금씩 제 시간을 회복하고 있는 중이예요. 그러니 다시 시가 1순위로 올라오겠죠?

손 미 : 맞아요. '김지영 공동체'. 저도 결혼을 했지만 이후의 시를 생각하면 여러 가지로 복잡한 마음이에요. 그럼에도 불구하고 쓰며, 살아보려고 합니다. 저는 육십이 되면 밸브가 열릴까요? 선생님의 시「현 위의 인생」처럼 "내공이 깊을수록 아름다운 소리를 내"겠죠? 모든 것이 미지수네요. 선생님은 많은 것을 책임지는 바쁜 생활 속에서 어떻게 시를 지키셨나요? 오랫동안 좋은 시를 쓰기 위해 무엇이 가장 중요하다고 생각하세요?

정끝별 : 밸브는 열리는 게 아니라 여는 거랍니다.(웃음) 제 장기는 근기와 의리예요. 근기는 선친이 일러주셨고, 의리는 권대웅 시인이 일러주었죠. 어렸을 적에도 엄마가 여기 있어라 하면 너무 힘들어 잉잉 울면서도 엄마가 다시 올 때까지 꼼짝 않고 그 자리를 지켰어요. 그런 고지식함이 제 안에는 있어요. 스무 살이 되었을 때 제 생에 처음으로 그리고 자발적으로 선택한 게 시였고, 정말 '시인' 외에는 되고 싶은 게 없었어요. 첫 선택에 대한 책임과 의리를 스스로 다 하고 있는 거겠죠. 하지만 더 깊은 속내는 "시 속에서야 쉴"(「집필을 선언한 시인」) 수 있었기 때문이에요. 시 속에서야 숨을 쉴 수 있었고, 제 영혼을 정화시킬 수 있었어요. 그런 의미에서 저에게 시는 산소발생기, 공기청정기, 공기정화식물 같은 거죠. 시를 쓰는 순간이 가장 행복했고, 시를 쓰는 순간 제가 가장 청정해졌거든요. 또 시적 재능을 타고 나지

못해서, 아직 진짜 좋은 시를 못 써서, 시에 올인하지 못해서 계속 쓰기도 할 거예요. 시에 관한한 아직 끝을 보지 못해서 늘 시가 고프고 그 고픔이 시를 쓰게 하는 근원일 거예요. 시를 쓰면서 경계하는 건 자아도취, 자기복제, 매너리즘이에요. 실제로도 이전 시와 비슷한 시 혹은 어떻게 나올지 짐작이 가는 시는 싱거워서 못 쓰겠더라구요. 그러니 오래 쓰려면 자기와 싸워 이기는 자기갱신이 중요할 거 같아요.

손 미 : 시를 못 쓰고 있는 요즘, 제가 반쯤 죽어 있는 것 같다고 말씀드렸을 때 선생님은 "갱신"을 말씀하셨어요. 그 방법 중 하나로 공부를 말씀하셨죠. 선생님께서 시집 외에도 동시, 현대시론, 평론까지 다양한 종류의 글을 쓰시는 것도 그 "갱신"의 한 방법일까요? 초등학생 중학생을 위한 책들도 쓰셨던데요. 특히 "시는 숨기쟁이"라고 말하며, "술래가 되어 시를 찾아보라"는 서두의 말이 재미있어요. 메타포가 이렇게도 귀여울 수 있네요. 중등과정의 시 읽기 교육이 "시 감상 능력까지 말살시키고 있"다는 글도 인상적이었습니다. 학생들을 위한 시 읽기 책을 쓰시는 이유가 있을까요?

정끝별 : 평생 공부는 필수일 거예요. 저의 경우 여성현실이 엄연히 존재하는 사회구조 속에서 갱신하는 시를 쓰기 위한 안전한 선택이 제도에 편승한 공부였거든요. 다양한 종류의 글쓰기는 그 선택에 부과되는 힘겨운 의무방어전과도 같아 때로는 시 쓸 시간을 빼앗아가는 장애요소이기도 했지만 시간이 지나고 나니 결과적으로는 시적 갱신에 도움을 주었더군요. 일련의 시 읽기 책들은 제가 가장 좋아하고 잘 할 수 있는 걸 아이들과 공유하고 싶은 동기에서 쓰였어요. 시가 아이들의 언어교육, 감각교육, 정서교육, 상상력교육, 사고교육에 더할 나위 없다는 생각, 특히 사춘기에는 마음을 읽고 나누는 공감교육은 물

론 마음을 다스리는 치유효과에 탁월하다고 믿고 있어요. 그런 논지의 칼럼을 10년 전에 「마음을 좀 들여다봐 주세요!」라는 제목으로 쓴 적이 있거든요. 그런 생각에서 첫째의 성장과정을 따라가며 아이 눈높이에 맞게 쓴 책들이에요. 동시해설집 『시가 말을 걸어요』는 초등학교에 들어가자 모국어와 상상력과 글쓰기 입문 과정으로, 한국 현대시 해설집 『어느 가슴엔들 시가 꽃피지 않으랴』는 중학교에 들어가자 꼭 읽었으면 하는 대표시를 중심으로 시의 외연을 넓혀주고 싶어서, 교과서 시 다시 읽기 『시심전심』은 고등학교에 들어가자 아무래도 수능시험이 있으니 거기에 맞춰 집필했어요. 두 딸들이 읽었으면 해서요. 그 사이사이 아이들이랑 여행갈 기회를 만들고자 첫째가 초등학생이었던 6년 동안 시를 찾아가는 여행산문집 『여운』과 『그리운 것은 언제나 문득 온다』를 썼어요. 아이들과 관련되니까 썼지 안 그랬으면 시작도 못했을 거예요.

손　미 : 아이들이 선생님의 다른, 밸브를 열어준 셈이네요. 주변의 어린이들에게(조카나 친구의 아이들) 저를 시인이라고 소개하면, 그게 뭐냐는 눈빛을 보내곤 해요. 그 아이들이 성장하는 대로 선생님의 책들을 선물해야겠어요. 그럼 시가 뭔지 조금은 이해할 수 있지 않을까요? 그런 천진한 질문 앞에서 가끔 저는 저의 정체성을 되묻곤 하는데요. 선생님께서는 "고백은 자신의 정체성에 대한 질문에서 시작된다"고 하셨어요. "시적성찰로서의 고백은 스스로를 창조하는 과정이자 창조된 자기를 승인하는 과정"이라고요. 저는 이 말씀을 시 쓰기가 우리를 구원하진 못하더라도 우리를 확인시킬 수는 방법이 될 수 있나는 말씀으로 이해했습니다. 연관하여 시를 쓰는 후배들에게 하고 싶은 말씀이 있으세요?

정끝별 : 「고백과 성찰」이라는 글에서 나오는 문장이네요. 시론의 한 챕터를 집필해달라는 청탁에 응해서 쓴 글이에요. 시가 여전히 '나'의 고백과 '나'의 성찰에 뿌리를 둔 언어이고, 단지 지금—여기의 고백이 이전의 고백과 어떻게 다르고, 달라야 하는가에 대한 물음을 담아내고 싶었던 글이었어요. 단지 왜, 무엇을, 어떻게 고백하느냐에 따라 시의 언어가 달라지는 거라는. 결국은 시를 비롯해 모든 글쓰기가 자기로부터 출발해 자기로 향한다는 것, 스스로를 창조하고 창조된 자기를 증명하는 일이라는 것, 그래서 언어(시)와 행동(삶)이 함께 가야 한다는 것, 그러니 잘 살아내야 한다는 것, 그와 같은 제 시 쓰기의 출발점과 도착점임을 확인하고자 한 글이었어요. 그러니까 자기시론이었던 거죠. 그리고 평론으로 등단한 이듬해인 1995년에 「시의 주술성과 시인의 운명적 선택」이라는 글을 썼어요. 요절한 시인들의 마지막 시에 담긴 언어의 힘에 대해 고민한 글이었는데, 지금까지도 제가 쓴 평론 중 가장 좋아하는 글이에요. 그 평론을 쓰고 제 시도 업그레이드 되었어요. 시에 저를 더 잘 저며 넣을 수 있게 되었거든요. '스스로를 창조하는 과정이자 창조된 자기를 승인하는 과정'이라는 문장은 그때의 경험이 담긴 문장일 겁니다. 역시 자기시론이었죠. 언어가 가진 힘을 믿지 않고, 그 언어 중에서도 모어母語에 대한 가능성을 믿지 않고 시를 쓰기는 어려울 거 같아요. 시의 기본이기 때문이죠.

손　미 : 언어와 행동, 그리고 모어를 꼭 기억하겠습니다. 올해로 등단한 지 33년 되셨습니다. 33년 동안 시를 쓴다는 것이 저로서는 가늠이 되지 않습니다. 그 아득한 시간, 시는 형체를 바꾸며 선생님 곁에 존재했을 것 같아요.

정끝별 : 삼땡, 중복된 행운의 숫자네요. 그래서 이 상을 받았나보네요. 저도

33년이라는 시간이 가늠되지 않아요. 막연한 질감이라서 그냥 13년이라 해도 구별되지 않을 만큼요. 단지, 시시때때 시가 2순위, 3순위로 밀리는 상황에서 절필하지 않고 시단 말석을 지켜낸 스스로를 쓰담쓰담해주고 싶은 마음이에요. 근데 33년 정도는 하프라인이더군요. 우리 시사에 남는 법은 두 가지예요. 달랑 시집 한 권 내고 요절하거나, 50여 년 이상을 일신우일신하면서 꾸준하게 좋은 시를 써내거나. 전자는 스스로가 '사건'으로 되어 여백의 스토리로 남는 거죠. 이건 시대의 요청과 시인의 운명이 맞춰줘야 해요. 하늘이 그 시인을 사랑해야 가능해요. 후자는 일가一家를 이루는 일이지요. 우리 사회가 얼마나 뜨겁고 또 냉혹한지 아시잖아요. 떴다 사라지는 연예인, 정치인들이 부지기수이듯 시인들도 마찬가지예요. 그러니 시인으로서 부끄럽지 않게 잘 살아내야 해요. 삶과 정신이 따라 주지 않는 좋은 시는, 잘 쓴 시 혹은 수사나 재능에 불과한 시가 되더라구요. 저는 요절하지도 못했고 그다지 좋은 시를 쓰지도 못했으니 더 아득하게 더 쓰면서 더 잘 살아내야 하는 거겠죠?

손 미 : 33년은 아무것도 아니다. 50년 이상은 써야 한다는 말씀으로 들리는데요. 그 길고 먼 과정에서 스스로에게 주는 쓰담쓰담과 함께 이번 수상이 보내준 토닥임이 합해져 계속 걸어가야 할 새 운동화가 생긴 것 같아요. 결국 오래 시를 놓지 않는 게 중요하겠죠? 등단 삼땡을 맞아 돌아봤을 때 시대별로 선생님 시의 방향과 변화가 있을까요?

정끝별 : 50년 이상이 단지 시간의 연상만은 아닐 거예요. 갱신에 갱신을 거듭하며 잘 살아내야 하는 시적인 비약의 시간일 거예요. 33년 동안 여섯 권의 시집을 냈어요. 개인적으로 적당한 분량이라고 생각해요. 30대에 『자작나무 내 인생』(세계사, 1996)과 『흰 책』(민음사, 2000)이

나왔어요. 첫 시집은 1980년대를 살았던 20대의 기록이에요. 사회, 가족. 내면, 언어, 시 형식 등 시에 대한 시를 쓰면서 품었던 고민들이 다 펼쳐져 있어요. 그래서인지 집약된 느낌은 덜 했던 거 같아요. 두 번째 시집은 '머리채를 잡혀 끌려가는' 30대에 쓴 시들이구요. 날 것의 여성 현실을 리듬과 유머에 담아내고 싶었어요. 40대 초반에 출간한 『삼천갑자 복사빛』(민음사, 2005)은 이러다 시를 못 쓸 수도 있겠다는 절박감에, 제 안의 남아 있는 시의 꽃잎이란 꽃잎은 다 긁어모아 뿌리며 구애하듯 쓴 시편들이에요. 바짝 말라 있던 언어들에 촉촉한 생기가 돌기 시작했을 거예요. 『와락』(창비, 2008)은 직장을 잡고 조금 안정감을 가지면서 시에 집중하면서 쓴 시편들이에요. 첫 시집에서 보여줬던 다양한 시적 고민과 지향성들이 재소환되었어요. 조금 더 여문 제 본래의 목소리를 낼 수 있었던 것 같아요. 『은는이가』(문학동네, 2014)는 시간과 내면, 상상력과 호흡을 더 깊게 더 길게 들여다보려고 했고, 『봄이고 첨이고 덤입니다』(문학동네, 2019)에서는 제 장기인 리듬과 언어감각을 멀리까지 밀어붙여 본 거구요. 다음 시집은 아마 저에 대한 탐구가 더 넓게 펼쳐질 거 같아요. 제 삶의 조건 속에서 시들도 조금씩 달라진 듯한데, 그건 제가 느끼는 변화이겠고 읽는 사람들은 다를 수 있겠죠.

손 미 : 절박감에 시의 꽃잎을 긁어모아 쓰셨다니요. 저도 어서 긁어모아야겠어요. 앞선 질문에서 사회와 사람과 생명과 사랑은 하나라고 말씀하셨어요. 선생님은 언제나 이, 소용돌이 속을 살아내는 일에 진심이시니까 그때마다 꽃잎처럼 떨어지는 것들에 모어를 붙이실 테지요? 그래서 선생님의 등단 40주년, 50주년에는 더 새로운 세계를 말씀해 주시리라 생각해요. 저는 늘, 기대하고 기다리는 독자고요. 독자로서 이 기쁜 수상을 오래 잊지 않으셨으면 좋겠는데, 다른 상 수상소감에

서 수상을 곧 "잊겠다"고 하셨어요. 잊기 위해서가 아니라 마음 깊은 곳에 가라앉혀 두기 위해서라고요. 이번 수상도 그렇게 가라앉아서 선생님의 시에 오랫동안 동력이 되겠죠?

정끝별 : 예전엔 잊겠다고 했는데 지금은 자연스럽게 잊힐 거 같아요. 예전엔 애써 가려 앉혀 두려 했다면, 지금은 뭐 앉든 떠나든 자연스럽게 놔 둘 수 있게 되었어요. 이전보다는 시라는 생물에 대해, 시단의 생태에 대해, 상의 생리에 대해 더 알게 되었기 때문일 거예요. 손미 시인의 물음에서 '동력'이라는 말이 좋네요. 적확한 단어 같아서요. 그때는 제 안의 동력을 의심하지 않았으나 단지 그 동력을 들여다보고 표현할 시간이 넉넉지 않았다면, 지금은 그 동력이 습관화되거나 당위화하거나 절대화되지 않도록 경계하는 중이에요. 동력이 동력인 것은 자생적이고 분출적이고 역동적이기 때문인데 자꾸 딱딱해지려 하니 경계하는 거예요. 그러니 이 상은 약해지거나 꾸덕꾸덕해지려는 제 시의 동력에 기름 한 방울 받은 느낌이지요. 제가 좋아하는 참기름 같은!

손 미 : 선생님께 떨어진 참기름 한 방울로 저까지 고소해졌어요. 선생님을 좋아하는 많은 분들도 함께 고소해졌을 거예요. 선생님 이후의 시는 어떨까요? 다음 작품집 등 앞으로의 계획도 궁금합니다.

정끝별 : 5월 말쯤에 『시론』이 나올 거고, 첫 시집 『자작나무 내 인생』이 여름 즈음에 복간될 거라고 들었어요. 그리고 올해 말이나 내년 초쯤에 첫 산문집이 나올 예정인네, 30여 년의 삶의 이력과 생각들이 담긴 산문들이죠. 명실상부한 첫 산문집이라 조금 설레고 또 조심스럽기도 해요. 시간이 날 때 틈틈이 다시 읽어보는 중이에요. 산문집 원고를 넘기고 나면 다음 시집을 정리할 예정이에요. 이전 시집들보다 더

자유롭고 다채롭지 않을까 생각하고 있어요.

손 미 : 첫 시집이 복간된다니, 독자로서 기쁘게 기다리겠습니다. 첫 산문집도 정말 기대됩니다. 여러 가지 작업하시느라 바쁘시겠지만 꼭, 꼭 건강 챙기세요 선생님. 다시 한 번 수상 축하드립니다. 문득, 아현동에 가면 연락드릴게요.詩

손미 | 시인. 2009년 『문학사상』으로 등단. 시집 『양파 공동체』, 『사람을 사랑해도 될까』.

제22회 현대시작품상 특집 / 시인론

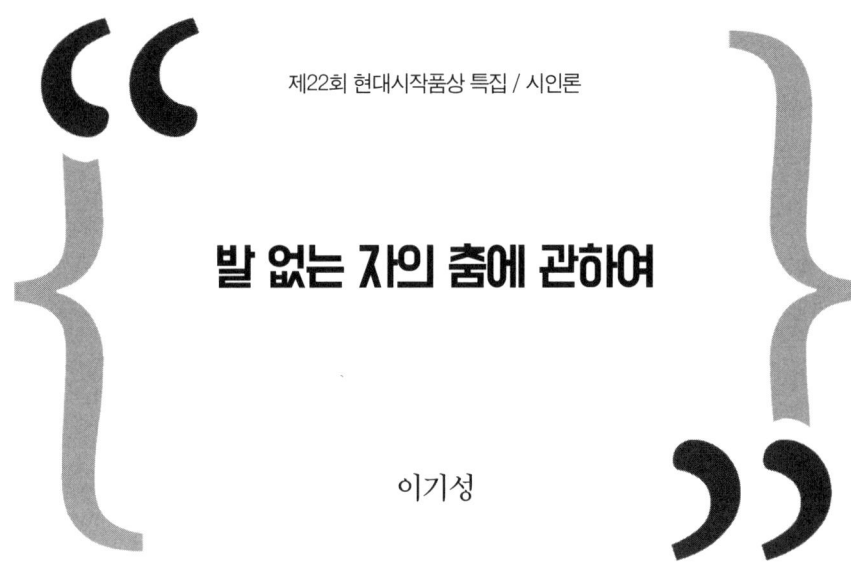

발 없는 자의 춤에 관하여

이기성

0. 밸브

밸브에 대해서 말해 보자. 밸브는 끓어오르는 불온한 욕망을 잠재우는 것. 어두운 서랍에 감춘 비밀을 봉인하는 자물쇠와 같은 것. 지난밤의 악몽을 말끔하게 분리수거하고 다음날 아침 출근용 셔츠를 다림질하는 손과 같은 것. 요컨대 밸브는 일상의 평온과 안정을 보증하는 징표이다. 그런데 한밤중에 깨어나 밸브를 여는 손이 있다면? 게다가 우리는 밸브를 열고 가스오븐에 머리를 넣은 시인을 알고 있지 않은가. 마지막까지 그녀의 내부에 갇혀 있던 설망과 종이 위에 얼룩진 비명의 흔적들. 연민과 증오와 슬픔이 어우러진 남은 자들의 탄식까지. 이 모든 것은 밸브의 문제이다. 그리고 우리는 지금 막 밸브를 열고 있는 한 여자를 본다.

이십 년 전의 일이다 첫딸을 낳은 직후였고 강의를 마치고
강사실에 들어갔을 때였다. 독신의 선배가 독설을 날렸다.

오랜만 시인!
엄마는 절망할 수 없다는데
절망 없는 시인의 시는 안녕할까?

…(중략)…

둘째가 성년이 되는 날
천둥에 봉인해두었던 그 말을 꺼내들었다

나를 향해 있었다
눈부시게 벼려져 있었다
날을 향해 기꺼이 달려갔다

이제 두려워하지 않아도 돼 절망 따위
이제 그만 엄마여도 돼

— 「가스밸브를 열며」 부분

 그녀에 대해 말해 보자. 그녀는 시인이라 불리는 엄마이다. 그러나 '시인'이라는 말은 그녀의 삶에서 즉시 봉인된다. 시인은 '절망'을 가슴에 품고 사는 존재이기 때문이다. 절망의 젖을 아이에게 물릴 수는 없으므로 엄마에게 '시인'은 금지되는 것이다. 그녀를 시인으로 호명하는 존재가 '독신의 선배'인 것은 이런 까닭이다. '독신'의 선배는 물론 '엄마'인 적이 없을 터이지만, '독신'

이라는 말의 근본적인 함의는 '시인'이 세계와 절연된 채 내면에 몰입하는 단독자임을 의미하는 것이다. 엄밀히 말하자면 모든 시인은 '독신'이 아닌가.

반면 엄마는 세계와 연결된 존재이다. '엄마'라는 말에는 현실에서 그녀가 감당해야 할 모든 관계들이 함축되어 있다. 자식, 가족, 나아가 사회의 모든 시스템 그리고 그 밑바닥을 흐르는 사랑이라는 블랙홀까지. 엄마로서의 삶에 복무하기 위해 그녀는 '시인'이라는 말을 '천돌'에 가두어 둘 수밖에 없다.

이십 년의 시간이 지나고 나서야 그녀는 '그 말'을 꺼내 든다. 그 사이 '눈부시게 벼려진' 말은 칼날처럼 번뜩이며 위험을 예고한다. 닥쳐올 죽음을 예감하면서도 그녀는 '그 말'을 향해 달려간다. 죽음을 불사하는 이 투신의 행위는 오래전 그녀에게 내려진 선고, 즉 시인이라는 운명을 끌어안기 위한 뒤늦은 결단처럼 보인다. 카프카의 「선고」에서 아들이 아버지의 선고를 수행하기 위해 강물에 투신하듯 그녀는 '말' 속에 몸을 던진다.

단단히 잠긴 일상의 밸브를 여는 손. 그것은 무거운 '천 개의 돌'을 열어 봉인된 '시인'을 불러내는 행위이다. 백지 위에 선 시인처럼 밸브를 잡은 손은 떨림으로 가득하다. 눈을 질끈 감고 밸브를 여는 순간…… 그러니까……

1. 거래

그런데 이상하다. 이십 년 만에 풀려난 말은 '선배'가 애초에 호명했던 '시인'이라는 말이 아니다. 시에서 봉인을 여는 행위는 '그만 엄마여도 돼'라는 말과 함께 이루어진다. 그녀를 '엄마'라는 고정된 자리에서 풀어주는 주문과도 같은 이 목소리는 누구의 것인가.

여기서 처음에 그녀가 봉인했던 것이 무엇인지 생각해 볼 필요가 있다. 그것은 '시인'이라는 말 즉 선배의 '독설'이다. 독설은 무방비 상태의 그녀에게 날아왔을 것이고, 그녀는 그 말에 정확하게 '찔렸을' 것이고, '독설'이라는 말의 강도만큼 상처는 치명적이었을 터이다. 그러나 시에서 저간의 상황은 언급되지 않는다. 다만 그것이 금지된 '절망'과 연관되어 있음을 짐작할 수 있을 뿐이다. 그녀는 '두려움' 때문에 혹은 '절망'하지 않기 위해서 시인이라는 말을 봉인했다. 발을 얻기 위해 목소리를 버린 이야기 속의 여자처럼 그녀는 '시인'을 숨기고 무엇을 얻었을까.

먼저 '엄마'에 대해서 생각해 보자. 그녀를 사회적 관계 속에 붙들어 놓는 중력과도 같은 말이다. '나 딸 나 애인 나 아내 나 주부 나 며느리 나 학생 나 선생 응 나는 엄마 그리고 대대손손 아프디아픈 욕망의 음계'(「나도 음악소리를 낸다」)에서 보듯 혈연, 사랑, 모성, 가족, 젠더 등 현실을 추동하는 원리들이 '엄마'를 관통해 간다. 이러한 관계의 그물들이 중력처럼 그녀를 현실에 붙들어 매고 있다.

> 팔다리를 몸에 묶어 놓고
> 몸을 마음에 묶어 놓고
> 나로 하여금 당신 곁을 돌게 하는
> 끌어당기고
> 부풀리고
> 무거워져
> 기어코 나를 밀어내는
> 저 사랑의 포만
>
> ―「공전」부분

우리를 일상에 포박하여 이탈하지 못하도록 끌어당기는 중력. 그것이 사랑(관계)의 다른 이름이라고 시인은 말한다. 현실에서 살아가기 위해서는 거기서 벗어나려는 욕망을 순치시켜야 한다. 삶을 위험에 빠뜨릴 수 있는 요소들은 제거되고 균열은 말끔히 봉합되어야 한다.

 이것은 현실의 시스템 속에 편입되기 위해서 무언가가 '포기'되어야 함을 의미한다. 초기시 「우리 집에 온 곰」, 「인디언 전사처럼」에서 시인은 현실의 표준에 맞지 않는 욕망이 거세되어야 '엄마'라는 포지션이 유지될 수 있음을 보여준다. 가족―사회라는 시스템의 밑바탕에는 절제와 금욕에 기반한 '거래'가 자리하고 있는 것이다. '냉장고엔 락앤락이 살고/ 락앤락엔 코끼리가 산다'(「코끼리를 냉장고에서 꺼내는 법」)에서 욕망과 자연성을 거세당한 채 '냉장고'에 갇힌 코끼리는 규격화된 세계의 기율에 포박된 자아를 상징한다.

  늘은 전부다
  굳은 살로 고이는 몸이다
  시간의 거푸집으로 찍어낸 버릇든 몸이다

  삶을 완성하는 무작정이다.
―「늘 몸」 부분

 이 시에서 '늘'이 만들어내는 지속의 감각은 변화 없는 반복의 세계를 환기한다. '늘'은 '살'로 변형되고 이것은 '고이는 몸'을 불러온다. '거푸집', '굳은 살'이 만들어낸 무감한 육체는 '늘'의 시간이 주조한 삶의 모습을 보여준다. 이러한 세계에서 변화를 꿈꾸는 일은 금지되며, 시간은 굳어 버린 몸에 고인 채 흘러가지 않는다. '사각 창에 갇힌 내가 말했다'(「호퍼가 그린 그림」)에서 '사각 창'은 이 '버릇든 몸'을 가두는 또 하나의 감옥이다.

 '엄마'가 놓인 곳은 '늘'이 지배하는 세계이다. 그녀는 '늘 다른 내가 되고 싶었으나' '여기보다 나은 곳을 알지 못해'(「내 안의 녹나무」) 현실의 궤도를 벗어나지 못한다. '매일이 벌처럼' 반복되는, 그러나 평온과 안정으로 위장된 이

매끄러운 일상을 이끌어가는 동력은 무엇일까.

> 당신은 내'가' 하며 힘을 뺀 채 한 발 물러서고
> 나는 나'는' 하며 힘을 넣어 한 발 앞선다.
>
> …(중략)…
>
> 당신은 사랑'이' 하면서 바람에 말을 걸고
> 나는 사랑'은' 하면서 바람을 가둔다.
>
> …(중략)…
>
> 당신의 혀끝은 멀리 달아나려는 원심력이고
> 내 혀끝은 가까이 닿으려는 구심력이다.
>
> ―「은는이가」 부분

'당신과 나'의 커플은 '늘'의 세계를 이루는 짝패이다. 이들은 각자의 자리에서 '물러서고/앞서고, 빼고/넣고, 걸고/가두고'의 행위를 반복하고 있다. '새의 영혼은 높고 꽃의 영혼은 낮은 것 /하늘은 날고 중력은 지는 것'(「동백 깊다」) '세계는 뜨겁고 나는 춥다'(「젠더의 온도」)에서 보듯, 대립적 언어항들은 시의 무게가 한쪽으로 쏠리지 못하도록 균형을 잡아주는 역할을 한다. '당신과 나'는 사물을 자유롭게 풀어놓는 '이/가'와 대상을 한정하고 붙들어 놓는 '은/는'처럼 서로 대립하면서도 상대를 꼭 붙들고 있다. 상대의 손을 놓치는 순간 이 균형이 깨어지고 커플은 추락하게 될 것이다. 시인은 이러한 대칭적 언어를 통해 세계와 주체의 균형잡기 놀이를 수행하고 있는 것처럼 보인다.

정끝별의 시에 등장하는 '애너그램'은 이러한 대립과 변용의 언어들로 구축된다. 밀고/당기는 반복의 언어들은 독특한 리듬과 박자로 이루어진 춤을 연상시킨다. 이런 점에서 애너그램은 '말로 추는 춤'이라 할 수 있다. 시인은 '지루하고 지루한 이 무대'(「무용가처럼」)에서 언어를 밀고 당기며 춤추고 있다. 한쪽으로 치우치지 않는 균형 감각은 춤에 필수적이다. 무용수―시인은 추락하지 않기 위해서 온 힘을 모아 도약한다. 그러나 그 도약은 안전한 착지를 예비한 도약, 다시 말해 출발지로 정확하게 귀환하는 춤이다.

이러한 춤추기는 '바깥으로부터 체온을 지키는 항온동물'(「모든 것들의 온도」)처럼 내적 항상성을 유지하려는 시인의 욕망과 닿아 있다. 그것은 '죽지 않으려고 변온하는 것이다'에서 보듯 죽음을 피하려는 의식과 결부되어 있다. 이렇게 보면 정끝별이 애너그램을 통해서 실연實演하는 언어의 춤은 '엄마'라는 포지션을 유지하기 위한 춤, 즉 절망/죽음을 유예시키는 춤이라고 할 수 있다. 정지하지 않기 위해서 계속 돌아야 하는 팽이처럼 일정한 궤도 위에서 이어지는 언어의 춤.

2. 포옹

현실의 시스템은 그것을 구성하는 주체와 세계 사이의 거래에 기반하고 있다. 시스템의 요구에 맞추어 신체를 절단하고 욕망을 기각하는 절제와 금욕의 정신은 이렇게 힘을 발휘한다. 계속 춤을 추어라! 목소리를 버리고 다리를 얻었으니 추어라! 누군가 엄마―그녀의 귀에 속삭인다.

그러나 모든 거래에는 그것을 초과하는 잉여의 시선이 자리하고 있는 법. 정끝별의 시에 내재된 불안의 징후들은 이 거래의 이면에 무언가 '공백'이 있다는 것을 보여준다. 첫 시집 『자작나무 내 인생』에서 시인은 '녹'의 이미지를 통해서 부식되고 잠식되어 가는 세계의 이면을 들추어낸 바 있다. 그것은

'모든 보행자는 녹슬어 간다'(「길 섶 녹나무」)에서 보듯 평안해 보이는 일상의 이면에서 이미 쇠락이 시작되고 있음을 의미한다.

이러한 시선은 정끝별의 시가 세계 내부의 균열에 주목하고 있음을 보여준다. 그녀의 시에서 서로의 짧은 다리를 보완하며 균형을 유지하던 커플은 쓰러지고(「슬膝」) '넌 봉인된 내 말을 캐고 난 해제된 네 말을 심는다'(「왈曰」)처럼 가족의 구성원은 서로 '잘못 타전된' 말을 주고받는다. 이것은 세계 내의 포지션을 보증하는 거래가 사실은 '부도난' 거래였음을 의미하는 것이다. 그런데 세계와의 거래가 허구였다면 목소리를 내주고 그 대가로 얻은 '발'은 무엇을 보증하는가.

시인은 무대에서 춤추는 무용수의 '피투성이 발'에 주목한다. 이 반복되는 춤의 이면에 상실과 우울의 감각이 자리하고 있다. '눈이 없고 입이 없이' 윤곽선만 남아 '왼손에 사각턱을 괴고 사각 창에 갇힌'(「호퍼가 그린 그림」) 모습을 보라. 턱을 괴고 생각에 잠긴 것은 전형적인 멜랑콜리커의 모습이다. '가만한 발에 검정 바다가 왔다' '천 날의 발이 젖고 천 날의 발을 잃었으니'(「멜랑콜리커의 발」)에서 그녀의 발 아래에는 검은 물이 출렁인다. 위에서 살펴본 커플의 춤추기는 검은 멜랑콜리의 역류로부터 일상을 방어하기 위한 행위로 볼 수 있다. 그것은 내면에서 끓어오르는 욕망과 불안을 절제와 균형의 리듬 속에 포획하는 춤이다.

그러나 필연적으로 추락의 순간이 찾아온다. 잘 조율된 일상의 감각을 깨뜨리며 금욕적 삶의 경계를 넘실거리던 검은 목소리가 '와락' 역류하는 것이다. '와락'은 대상을 향해 자신을 내던지며 타자와의 거리를 무화시키는 포옹을 예비하는 말이다.

　　반 평도 못되는 네 살갗
　　차라리 빨려들고만 싶던

막막한 나락

…(중략)…

헐거워지는 너의 팔 안에서
너로 가득 찬 나는 텅 빈,

―「와락」 부분

　포옹은 '영혼에 불꽃을 불어넣는' 벼락같은 사랑을 완성하는 행위이다. 너를 끌어안았으니 나의 내부는 '너로 가득 차' 있어야 마땅하다. 그런데 이 열렬한 포옹의 순간에 발견하는 것이 '텅 빈' 허공이라니! 너의 팔이 안고 있는 나는 텅 빈 존재이고, 내가 안고 있는 너 역시 그러하다. 대상이 부재하니 포옹은 '막막한 나락'으로 귀결될 수밖에 없다. 상황이 이렇다면 포옹은 애초에 불가능한 것이 아닌가.

길을 잃고서야 내려다봤던 웅덩이
참, 둥근데, 뻘쭘한 중심, 비었다

―「노는 공」 부분

허기가 궤도를 돌게 한다.

―「공전」 부분

마음에 종일 공테이프 돌아가는 소리

―「춘수」 부분

　정끝별의 세 번째 시집 『삼천갑자 복사빛』에는 '공터, 폐타이어, 공테이프,

허기' 등 내부에 허공을 품고 있는 이미지들이 자주 등장한다. 내부가 비어 있는 사물들은 포옹의 실패를 보여주는 '텅 빈' 내면의 이미지와 조응한다. 이 포옹의 실패는 '춤'의 실패를 의미한다. 허공을 안고 춤을 출 수는 없지 않은 가. 이것은 서로를 지탱하며 시스템을 유지 시켜온 커플의 춤이 형식만 남은 제스처처임을 폭로하는 것으로 볼 수 있겠다.

앞에서 보았듯이 '가족'이라는 중력은 현실의 시스템에 복종하라는 명령으로 작동한다. '독신자' 카프카가 가정을 이루는 데 실패했던 것과 달리 정끝별은 가족 내에서 주어진 '엄마'의 포지션을 받아들이고 거기서 '엄마'의 시간을 살아낸다. 가족 만들기의 실패를 통해 자신의 세계를 보존하고자 한 카프카의 전략 대신, 그녀는 '시인'을 감춘 채 가족 시스템의 내부로 들어가서 그것의 실패를 전면화하는 방식을 선택하는 것이다.

따라서 정끝별이 포옹의 실패를 이야기할 때, 그것은 커플의 붕괴를 보여주는 것 이상의 의미를 가진다. 포옹은 상대를 향해 나를 내던지거나 상대를 끌어당기는 행위이다. 이것은 주체의 물리적, 심리적 균형을 무너뜨림으로써 일상의 궤도를 뒤흔들어 놓을 뿐만 아니라, 이어질 세계의 붕괴를 예고하는 사건이다. 실패한 포옹은 견고한 커플의 춤이 구축한 가족—시스템을 붕괴시키는 동시에 그 내부에서 발생하는 새로운 춤을 예비한다.

3. 춤

우리는 '와락'이 어떻게 견고한 '발란사의 춤'(조강석)을 균열시키는지 살펴보기 위해서 그녀의 시에서 반복되는 ㅁ의 형상에 주목해 볼 필요가 있다. 시 「춤」에서 정끝별 시인은 '봄' '첨' '덤'의 'ㅁ'을 반복적으로 사용한다. ㅁ을 발음하기 위해서는 입술을 닫고 그 안에 공기를 가두어야 한다. 이때 '입술이 맞부딪쳐 머금는 숨' 즉 폐쇄적 형태(ㅁ)의 내부에는 숨이 가득 차게 되는데,

이것은 곧 숨의 열림을 예비한다. '춤'은 사물의 열림을 예비하는 시간인 '봄'과 연결되고 이것은 생명의 호흡인 '숨'과 이어진다. 이렇게 ㅁ은 사각형의 외부로 통하는 숨구멍이 된다. 그것은 불안한 사랑을 가두는 감옥이 아니라 세계를 향해 열린 창문처럼 보인다.

> 그러니까 내 말은
> 두 입술이 맞부딪쳐 머금는 숨이
> 땀이고 힘이고 참이고
>
> 춤만 같은 삶의
> 몸부림이나 안간힘이라는 것입니다
> ―「춤」 부분

'숨, 땀, 힘, 참, 춤'으로 이어지는 ㅁ의 퍼레이드는 독특한 언어의 리듬을 생성해 낸다. 혀와 입술이 공모하여 만들어낸 ㅁ의 내부에는 그 폐쇄성을 뚫고 쏟아져 나오려는 격렬한 움직임이 담겨 있다. 시인은 그것을 '몸부림', '안간힘'으로 표현하고 있는데, 이는 '갇힌 몸'이 스스로를 파괴하며 실연하는 기괴한 춤처럼 보인다. 이렇게 ㅁ은 새로운 춤의 발생지가 된다. 그것은 '엄마'의 내부에 갇혀 있던 또 다른 춤을 불러낸다.

> 분리수거를 잊으면 안 돼 엄마라니까 넌
> 날려야 할 빨래를 위해 두 손을 들어!
>
> …(중략)…

모퉁이를 서성이는 바람든 봉지처럼 엄마 넌

부러진 가지에 매달려 허덕이는 쪽빛 비단 천이야?

쓰러질 때까지 돌고 도는 회오리 춤이야.

―「엄마는 한밤중」 부분

정끝별은 초기 시 「속 좋은 떡갈나무」에서 둥치만 남은 나무에 깃들어 사는 생명의 모습을 통해 모성의 신체를 형상화하였다. 그런데 사랑과 희생을 실현하는 모성의 신화 뒤에는 '바람든 봉지'와 같은 엄마의 신체가 자리하고 있다. 정끝별은 '이념이 푯대' 끝에 매달린 숭고한 깃발이 아니라, 부러진 가지에서 허덕이고 있는 남루한 천조각으로 엄마의 모습을 그려낸다. '쓰다버린 건전지, 일회용 라이터, 플라스틱 플라워, 부서진 스티로폼'으로 환기되는 현실 속에서, 남몰래 봉인했던 엄마의 열망은 '쪽빛 비단 천'의 이미지를 빌려 잠시 그 모습을 드러낸다.

시인은 이 작은 천 조각을 통해 모성의 내부에 자리한, 포기할 수 없는 열망의 간절함을 극대화한다. 끝내 '쪽빛'을 포기하지 않는 이 마음의 지극함은 '쓰러질 때까지' 끝나지 않는 '돌고 도는' 회오리의 춤을 낳는다. '허덕이는' 숨결이 빚어낸 춤은 안정된 커플의 조화로운 리듬을 깨뜨리는 불협화음이자 세계에 대한 도발이다. 그것은 포옹의 실패가 만들어 낸 춤. 궤도에서 벗어난 '별똥별'의 궤적처럼 우발적이고 즉흥적이며 불가해한 춤.

    검은 해오라기

    지루한 목

    한가운데서

    거세게 파들대는

    은빛 모래무지의

용트림

저 살肉들
먹고 먹힘의 광휘

―「안달복달」부분

우리는 '먹고 먹히며' 서로의 죽음을 품은 몸들이 펼쳐놓는 기괴한 춤을 보고 있는 중이다. 육체적 배고픔이든 사랑을 향한 허기이든 내가 삼킨 타자는 나와의 합일을 거부하려 최선을 다해 저항한다. 목숨을 지키기 위해서 뒤엉킨 채 필사적으로 서로의 죽음을 관통하려는 이 몸짓은 잔혹하고 처참하다. 시에서 먹고/먹힘의 행위가 발산하는 열기는 죽음과 삶의 격렬한 포옹을 보여준다. '꿈틀거림' '용트림' '흔들리며' '파들대며'가 만들어내는 불협화음의 동작은 실패한 포옹을 연상시킨다.

흥미로운 것은 시에서 서로 끌어안은 채 꿈틀거리는 행위만 부각될 뿐 어떠한 소리도 들리지 않는다는 점이다. 두 몸이 싸우며 쏟아내는 소리는 분명 절박한 비명이었을 터. 시인은 소리를 삭제한 시의 화면을 '광휘'의 빛으로 채워 넣는다. 이 날카로운 빛은 보는 자의 눈을 멀게 하고 세계를 암흑으로 만들어 버릴 것이다. 시인이 광휘―빛으로 우리의 눈을 멀게 해 이 장면을 가리고 싶어 하는 까닭은 그것이 바로 자신의 몸에서 일어나는 사건과 동일한 것이기 때문이라고 추측해 볼 수 있다.

우리는 먼저 이 기괴한 춤이 발생하는 지점이 '목'이라는 사실에 주목해야 한다. 그녀가 '지루한 목'에 주목하는 것은 '시인'이라는 밀을 봉인한 신체의 지점이 목과 관계 있기 때문이 아닐까. 눈부신 빛의 장막 너머에서 필사적으로 꿈틀거리는 것이 있다. 그것은 일찍이 그녀가 봉인했던 목소리이다. 그녀의 내부에 봉인되었던 목소리가 '되살아나' 필사적으로 꿈틀대고 있다. 아니

이십 년 동안 그녀의 목에서는 이 꿈틀거림이 '계속되고' 있었던 것이다. 시에서 모래무지와 해오라기가 보여준 필사의 춤은 바로 그녀 자신의 것이기도 하다. 세계의 내부에서 이루어지는 '발란사의 춤'이 현실에 고착된 커플의 춤 즉 죽음을 거부하는 자기보존의 춤이었다면, 이 무정형의 꿈틀거림은 시인이 자신의 죽음을 끌어안고 추는 춤이다.

4. 사족

그녀들의 발을 생각한다. 발을 얻기 위해 목소리를 버린 그녀들은 어떻게 되었을까. 목소리를 버리고 얻은 발은 '가죽 신발' 속에 갇히고, 이렇게 중력에 묶인 발은 '우는 발'이 된다. 지루한 일상의 무대에서 춤추는 피투성이 발들은 어디로 갔을까. 금지된 분홍신을 신고 춤추던 여자는 결국 발목을 잘렸다는데.

> 두 발이 춤 아닌 날갯짓을 했을 때 보았을까 발아래가 인력의 나락이었
> 고 애초에 두 발이 없었다는 걸
> 　　　　　　　　　　　　　　　　　　　　　　　　　　　－「발」 부분

> 마지막 시야를 잃은 고요여, 세상 절반을 품었던 두 팔, 없다, 가죽신발
> 속 절여진 발, 흔적도 없다
> 　　　　　　　　　　　　　　　　　　　　　　　　　　　－「소금인간」 부분

정끝별의 시에 자주 등장하는 '발'은 그녀를 중력에 매어 놓기 위한 기관이었을 것이다. '애초에 두 발이 없었다'에서 보이듯 처음부터 그것은 중력에 고착시키기 위한 허구의 기관이었을 뿐이다. 그렇다면 모든 발이란 '없는 발' 즉

사족이 아닌가. 그러니 중력에 맞서기 위해서는 이 사족을 잘라내고 공중으로 도약해야 한다. 중력을 뚫고 휘발되는 '발 없는 새'의 이미지는 이렇게 탄생한다.

사랑을 위해 목소리와 맞바꾼 발이 사족-허구라면 그 사랑 역시 허구가 아닐까. 사랑의 허구성에 대한 깨달음은 그녀를 어디로 데려가는가.

> 저 캄캄한 밤하늘을 당신과 당신과 하고많은 당신의 이빨들이 묻히는 사랑의 납골당이라 하자
>
> …(중략)…
>
> 그러니까 그냥, 그날의 별빛을, 그날로부터 4억 4천만 년 전에 폭발해 버린 당신의 검은 구멍이라 해두자.
>
> ―「앗 시리아 저 별」 부분

밤하늘에서 우리가 보는 것은 별이 아니라 폭발 뒤에 남은 빛이다. 그 빛은 사실은 오래전에 폭발해 버린 검은 구멍을 가리는 환영이다. 빛이 가리는 것은 별의 죽음이며, 사랑은 사랑의 죽음('납골당')을 가리는 것이다. 우리가 사랑이라 믿는 것이 사랑의 죽음이라면, 모든 사랑은 이미 실패를 내포한 것이 된다.

여기서 그녀의 몸에 내장된 '납골당'을 떠올릴 수 있겠다. 일찍이 시인이 자신의 목소리를 봉인했던 '천돌'이 바로 그곳이다.

> 목울대 밑 우묵한 그곳이 천돌

쇄골과 쇄골 사이 뼈의 지적도에도 없는
물집에 싸인 심장이 노래하는 숨자리
목줄이 기억하는 고백의 낭떠러지

—「천돌이라는 곳」 부분

    천돌은 목울대 밑 움푹한 지점이다. 시인은 이 천돌을 '고백의 낭떠러지'라 명명한다. 발화되지 못한 안으로 삼켜진 언어(고백)가 머무는 곳. 다시 말해 천돌은 목소리가 갇힌 언어의 감옥 곧 목소리의 납골함이라 할 수 있다.
    앞서 살펴본 시 「가스밸브를 열며」에서 '독신의 선배'가 날린 '독설'이 그녀에게 날아온다. 독설은 상대의 마음을 파고들어 치명상을 입힌다. 그러나 엄마에게는 죽음(절망)이 금지된 것이기에 그녀는 선배의 말을 천돌에 가둠으로써 그 효력을 정지시킨다. 다시 말해 독설/죽음을 유예시킨 것이다. 그러니 그녀가 '엄마'의 시간에서 깨어나는 순간 그녀의 죽음도 함께 깨어나는 것은 당연한 일. '그 말'을 향해 달려가는 행위는 결국 자신의 죽음을 끌어안기 위한 것이 된다.
    이렇게 오래된 죽음을 받아들이는 행위는 '시인'이라는 호명에 대한 때늦은 응답이라고 할 수 있겠다. 그런데 이 착오적인 응답 속에는 뒤늦게(혹은 빠르게) 되찾은 목소리가 담겨 있다. '그만 엄마여도 돼'가 그것인데, 이 말은 선배의 말('시인')이 아니다. 그렇다면 그것은 오랜 시간을 돌아서 뒤늦게 도착한 자신의 목소리가 된다. 죽음을 봉인한 채 보낸 시간은 선배의 말을 자신의 말로 바꾸는 데 걸린 시간이기도 한 것이다.
    이쯤에서 이 시에 출현한 다른 한 명의 등장인물에 대해서도 이야기해야겠다. 우리는 그녀가 엄마인 것만이 아니라 '강사'라는 또 하나의 역할을 수행하고 있음에 주목할 필요가 있다. 그녀는 이십 년 간 엄마이면서 동시에 가르치는 자(강사/교수)이기도 했다. 그런데 엄마=강사는 가능한데 왜 엄마=시인은 불가능한가.

　이 물음에 답하기 위해서 강사의 언어에 대해 생각해 보자. 강사는 불확실하고 모호한 시의 언어를 분석하고 설명하고 이해 가능한 언어로 바꾸는 사람이다. 강사의 역할은 '시적인 것'으로부터 그 불확실성을 박탈함으로써 유통 가능한 상품으로 탈바꿈시키는 것이다. 강사는 합리성에 기반한 시스템의 대행자라는 점에서 엄마와 연결된다. 그런데 왜 선배는 그녀를 '강사'라고 부르지 않고 '시인'이라 불렀을까. 선배(타자)의 말에 그녀의 욕망이 투사된 것이라고 보면, 그녀 자신이 시인으로 불리고 싶었던 것이라 하겠다. 즉 그녀의 욕망이 선택한 것은 엄마도 강사도 아닌 '시인'이었던 것이다.

　강사의 언어체계에서 시인은 추방되어야 하는 존재들이다. 시인이란 세계의 질서를 교란하는 불순한 존재들인 까닭이다. '강사=엄마'의 세계로부터 불온한 '시인'을 완전하게 보호하는 길은 무엇일까. 여기서 잠깐. 시인이 은폐의 달인이라는 사실을 기억하자. 첫 시집에서 만나게 되는 다음과 같은 구절―'한 몸 딱 들어맞게 숨겨줄 그 항아리가 내 어미였다면'(「옹관1」)―에서 항아리 속에 숨어들고자 하는 욕망은 이러한 은폐의 기술을 보여주는 것이다. 가장 완벽하게 숨기는 방법은 그것을 없는 것/존재하지 않는 것으로 만드는 것이 아닐까? 그 방법은 그것을 자기 몸에 숨기는 것('삼키는 것')이다. 그녀는 신체 내부의 항아리(천돌)를 열고 그 속에 '시인'을 봉인한다. 그러니 천돌은 죽음을 담는 '옹관'이면서 동시에 그 죽음을 되살리는 자궁이기도 한 것이다.

　이렇게 본다면 이십 년간 엄마가 키운 것은 '두 딸'이 아니라 바로 '시인'이라고 말할 수 있지 않을까. 정끝별은 금기의 씨앗을 내부에 감추고 남모르는 절망과 은밀한 기쁨의 젖을 빨리며 키워온 것이다. 초기의 시 「시 속에서야 쉬는 시인」에서 '등단 10년의 그는/ 몸과 마음에 병이 들었다 나가는 그 잠깐 동안만, 시를 쓴다'라고 말한다. 현실에 점거당한 삶에서 시와 내통하는 이 짧은 시간만이 그녀를 숨 쉬게 만들고 살아가게 만들었다는 고백이다. '시를 쓰기 시작하면서/ 스스로 제 몸밖에 빗장을 걸어잠근/ 내 처음 아이/ 늘 늑골 속에서 울고 있다'(「내 처음 아이」)에서 그녀의 늑골 속에서 울고 있는 '처음 아이'가 바로 천돌에 봉인된 '시인'이 아니었을까. 정끝별은 자신의 모든 시에서 그 아이의 울음소리 곧 천돌에서 숨 쉬는 시인의 숨소리를 듣는다.

강사의 언어에 의하면 시인은 현실을 오염시키는 얼룩진 존재들 즉 이방인이며 괴물이다. 엄마의 자궁에서 자란 이 괴물적 존재는 이제 엄마의 신체를 먹어 치운다. 그녀가 밸브를 열었을 때 발견한 것은 그렇게 자신의 몸에 들러붙어 하나가 된 '그것'이다. 초기에 쓰여진 다음과 같은 구절은—'네 속으로 들어간다 내가/ 비명처럼 소름처럼/ 불꽃 튀는 네 아가리 속을/ 내가 기어 들어간다'(「시인의 일식」)—오늘의 상황을 예감한 것처럼 읽힌다. 이 구절의 주체를 '시인'으로 바꿔 읽으면 어떤 상황이 벌어지는가. 그녀의 자궁에 숨어 있던 '시인'이 튀어나오는 소름 끼치는 순간의 발화처럼 보이지 않는가. '두 전부가 엉켜 몸 부비며 타는' 이 그로테스크한 탄생의 순간은 시의 출산 장면처럼 읽히기도 한다. 이렇게 자신의 죽음을 다시 낳는 방식으로 그녀는 선배의 독설(혹은 독살)을 멋지게 되돌려 준 것이다!

자신과 하나가 되어버린 괴물적 주체의 커밍아웃. 여성 정체성의 서사라는 클리셰를 뚫고 튀어나오는 이 키메라—시인의 얼굴을 보라. 더불어 이십 년 동안 자신의 내부에 죽음을, 언어를, 시를 잉태한 채 견뎌온 이 막강한 매트릭스—엄마를 '시인'이 아니라면 무어라 불러야 할까.

0. 목소리

시 「가스밸브를 열며」는 엄마로 살기 위해서 '할 일은 많았고 시 쓸 시간이 많지 않았던' 한 여성의 자아 찾기 드라마로 읽을 수 있을 것이다. 현실의 궤도를 벗어던지고 시인으로서의 정체성을 찾아가려는 의지와 고난에 찬 여정은 자못 감동이기까지 하다. 그러나 정끝별의 시는 이러한 표면적 서사를 내파하면서 일상과 시적인 순간이 뒤엉키고 삶과 죽음이 교차하는 낯선 드라마를 연출해 낸다. 이러한 시적 도전 혹은 탐색은 시의 존재 의미를 묻는 작업이며, 여기에는 시 쓰기에 대한 정끝별의 자의식 또는 근원적인 문제의식이 내장되어 있다. 현실의 '지적도에 없는' 이 새로운 언어의 지대를 탐색하기 위해 우리는 다시 밸브를 열어야 하리라.

그것은 정끝별이 천돌에 깊이 감추어 놓은 시의 영점(0)을 열어젖히는 일이 될 것이다. 그러나 이번에도 시인은 은폐의 달인. 가장 잘 감추는 것은 가장 잘 보이는 곳에 놓아두는 것. 나뭇가지에 걸어놓은 '쪽빛 비단 천'처럼 말이다. 이 '쪽빛'은 그녀에게 최초의 찔림(푼크툼)을 선사한 시의 빛깔이다. 쪽빛에 이끌려 서른 해를 이어온 정끝별의 시 쓰기는 오래전 '시'라는 매혹적인 독설에 찔린 자신의 '죽음'을 기어이 완성해 내는 여정이었다.

그런데 봉인된 것을 열어젖히는 이 여정을 단순히 과거로 되돌아가는 귀환으로 볼 수는 없다. 그것은 시간을 구부림으로써 과거의 모든 가능성을 되살려 미래와 연결 짓는 일이다. 시 「안달복달」에서 보여준, '먹고 먹힘'의 순환고리에서 죽음이 삶이 되고 삶이 죽음이 되듯이 과거와 미래는 원환적 시간으로 맞물린다. 이렇게 과거의 죽음/찔림을 되살려 미래의 자신으로 끌어안는 순간 그녀에게 무언가가 '발생'한다. 이 발생의 순간에 개입하는 것이 '목소리'이다.

    허공에 거미줄을 치는 거미처럼
    종일 제 거미줄에 걸려 있는 거미처럼

    벼락에 몸을 내준 밤나무가 비바람에 삭아내리듯
    절로 터진 밤송이가 제 난 뿌리로 낙하하듯

남은 숨을 군불 삼아 피워올리겠습니다.
매일 아침 첫 숨을 앗 숨으로!

―「앗숨」 부분

여기서 실을 잣는 거미는 텍스트를 생산하는 시인의 은유이다. 자신의 테스트 속에서 매 순간 죽음을 경험하는 것이 시인의 운명. 이 시의 거미 역시 자신이 만든 거미줄에 걸려 죽어 있다. 이 시에 가득한 소멸과 죽음의 이미지는 이뿐만이 아니다. 벼락에 몸을 내준 나무는 천천히 삭아가고 밤송이는 뿌리로 낙하하고 있다.

이렇게 몰락과 상실의 기운이 가득한 세계에서 시인은 소멸하는 것의 '남은 숨'을 꺼뜨리지 않고 지켜내려는 의지를 드러낸다. '삭아내리고, 낙하하는' 하방의 운동을 '피워올리겠습니다'의 상승의 힘으로 바꾸어 놓는 것이다. 소멸을 향해 닫혀가던 '마지막 숨'은 이러한 시인의 노력에 힘입어 새로운 '첫 숨'으로 터져 나오게 된다.

시의 제목인 '앗숨'의 뜻이 '예, 제가 여기 있습니다'라는 의미를 담고 있다. 이 응답의 언어에는 이미 '당신'의 부름(호명)이 담겨 있다. 그러니까 이 시는 '당신'의 부름에 대한 시인의 답으로 읽을 수 있겠다. 그러니 '피워올리겠다'는 의지는 '당신'의 목소리에 대한 시적 응답이다. 여기서 '실을 잣는 거미' 즉 '시를 쓰는 시인'의 말은 생명을 '낳는 자'의 말이 된다. 흥미로운 것은 '엄마'가 더 이상 '봉인하는 자'가 아니라는 것이다. 이 시에서 엄마는 숨을 '피워올리는' 사람 즉 '낳는 자'이다.

이 새로운 숨을 낳는 자의 목소리는 어디에서 오는가. 우주의 구멍(천돌)에서 솟구치는 그것은 '강사'의 언어가 포획하지 못하는, 시스템 내부에서 유통되지 않는 목소리이다. 봉인되었던 '시인'이 되돌아와 뱉어내는 '첫숨'이다. 이

'첫숨' 즉 최초의 옹알이를 간직한 그 말은 '엄마'가 아닐까. 이렇게 '엄마가 아니어도 돼'라는 말은 최초의 발성인 '엄마'에게 되돌아온다. 그 옹알이(숨)는 천돌에서 터져나오는 '숨'을 통해서 우주로 확산된다. 발 없는 새처럼 중력의 궤도를 벗어나 시인이든 엄마이든 혹은 그 무엇이든… 춤추는 별이 되는 것. 들뢰즈 식으로 말하자면 모든 존재들의 엄마―되기. 세계의 밸브를 열어 시스템의 공백을 드러내던 정끝별 시인의 손은 이렇게 우주의 밸브를 열어 첫숨을 틔워 놓는다. 그러니, 문제는 다시 밸브이다. 詩

이기성 | 시인. 1998년 『문학과사회』로 등단. 시집 『불쑥 내민 손』, 『타일의 모든 것』, 『채식주의자의 식탁』, 『사라진 재의 아이』, 평론집 『우리, 유쾌한 사전꾼들』, 『백지 위의 손』 등. 제60회 현대문학상을 수상.

제22회 현대시작품상 특집 / 작품론

무수한 의미 사이의 하나의 세계

박수연

　여기에 있는 이 시들은 '하나인 나'에 대한 말이자 '아무나인 나'에 대한 말이다. 시인은 그것을 『봄이고 첨이고 덤입니다』에서 라임과 애너그램이라고 했지만, 우리는 그것을 흔적으로 남은 말의 안간힘이라고 바꿔 부를 수도 있다. 이 시집의 서시가 '춤'을 숨, 쉼, 빔, 덤, 둠으로 이어 받고 한 짬, 보름, 가끔, 어쩜, 그믐으로 확장할 때, 그리고 그 말이 "춤만 같은 삶의/ 몸부림이나 안간힘"이라는 구절로 마무리될 때, 시는 대상에 도달하려는 여러 몸짓이 포착한 핵심과도 같은 것을 폭발적으로 드러낸다. 그 몸짓의 의미는 '춤'을 '숨…' 등으로 교체하는 일, 요컨대 음운의 차이화를 통해 삶의 과정을 환기하면서 감촉되는데, 실제로 시인이 선택한 "몸부림이나 안간힘"이라는 말이 바로 그것이다.
　'삶의 몸부림이나 안간힘'이라고 썼을 때, 시인은 좀더 대상에 대한 자신의 태도를 잘 표현할 수 있다고 판단했을 것이다. 정끝별의 시적 태도 한 가지가 이렇게 나타난다. 춤을 은유할 때, 대개의 시인들은 삶의 몸부림이나 안간힘이라고 쓰지 않는다. 정서를 투명하게 보여주는 말을 쓸 경우 시인이 언어의 바닥에 감추고 있음직한 의미가 직접 드러나면서 상상의 활력을 가로막기 때문이다. 많은 시인들이 회피하려고 할 그 위험을 무릅쓰고 정끝별이 저 언어를 선택했다는 사실이야말로 거꾸로 시라고 하는 언어에 대한 그의 판단을 알려주는 사항이다. 기존의 미적 체계에 대한 교란 같은 것이 있는 것이다.

이 태도는 그런데 두 번의 전도顚倒를 포함한다. 한 번은 객관적 상관물이라는 미적 지침을 뒤집는 일이고, 또 한 번은 유사한 음소의 배치로서 반복과 차이를 환기하는 일이다. 전자는 근대 미학의 한 경향에 맞서는 일이라고도 할 수 있다. 이른바 객관적 상관물의 언어들이 직정적 언어보다 더 시적이거나 미적인 언어인가에 대해서는 새로운 논의가 필요할텐데, 시의 상상에 대한 표현이 지적으로 절제되어야 한다는 주장은 이미 근 한 세기에 이르는 것이고, 그것이 수학적 논리에나 걸맞는 근대적 감수성이거나 일종의 엘리트주의일 수도 있다는 점을 최근의 정동 논의는 잘 보여준다. 정서 자체를 강렬한 감각으로 직접 표현하는 언어를 정끝별은 선택하고 있는 것이다. 후자는 이른바 '자아의 이상'에 대한 동일화를 시어의 기능으로 파악하는 일이다. 시인의 대상 상상이 자아의 이상에 얽혀 있다면, 그의 시어는 기표들의 연쇄에 의해 표상되는 주체의 기본 형식에서 자유로울 수 없다. 기표들의 연쇄는 원초적 상징을 향한 반복 강복이고 따라서 연쇄는 기의를 따라가는 흔적들의 흐름이다. 정끝별의 '춤'이 '숨…' 등의 기표로 이어지는 과정은 그 반복 강박의 가장 직접적인 표현일 것이다. 그런데 시의 객관적 상관물이나 사물 언어들이 '안간힘'과 '몸부림'에 의해 마무리될 때, 다시말해 음소 'ㅁ'을 이어받는 나른 말들을 거쳐 '춤은 몸부림이고 안간힘'이라고 정리될 때, 이 흔적들과 연쇄의 마침표를 짚어가면서 시인은 그것을 그린 이미지들을 '마음의 동작'에 대한 표상이라고 이해하기로 작정한 듯하다. 마음이야말로 시적 대상에 대한 여러 언어들의 출몰지이자, 시인이 "나와 하나인 것들과 내게 하나인 것들과 나를 하나이게 한 것들이 있어 그림자도 하나"라고 썼듯이, 시시각각 모든 부재와 무수한 존재를 건너 '하나'로 흘러가는 사건의 장소라고 읽히기 때문이다. 「이 시는 세 개의 새시입니다」에서, '그림자가 크거나 작거나 없는' 사태, '그림자가 무엇이어도 괜찮은' 사태는 결국 모든 부재와 존재를 따라가는 마음의 움직임을 통하지 않고는 가능하지 않은 진술이다. 이 시는 그래서 '하나'의 말로, 혹은 '하나'라는 말로 묶이고 풀어지는 저 무수한 마음에 대한 표제시라고 할 만하다.

언어가 마음의 표현인 것은 당연하지만, 그 언어가 그칠 줄 모르고 가지를 뻗는 것은 결국 마음을 표현하는 일의 불가능성 때문이라는 사실도 우리는 어느정도 알고 있다. 시인이 말을 부릴 때, 그런데 그 말의 목표가 닿을 듯 닿지 않는 장소에서만 얼핏 드러날 때, 하나의 말은 다른 말로 옮겨 가 다시 마음의 사건을 표현하려 하는 것이다. 시인의 말은 이 불가능성에 대한 표현을 만들면서 구성된 흔적들이다. 그 하나의 말이 이미 천년을 끌어안고 있다는 사실을 알려준 시는 「그게 천년」(『은는이가』)이고, 그 시간의 무게를 상투적인 사건으로 뒤집어 말해놓은 시는 「그런 것」(『봄이고 첨이고 덤입니다』)이다. 「그게 천년」에서 독자들은 아름답지만, 말할 수 없이 아득한 시간이 흘러가는 정황을 '꽃-흰 꽃자리-흰눈-한세상-흰 자두꽃'의 이미지 연쇄를 보면서 알게 될 것이다. '흰 꽃 한세상의 오랜 외로움'으로 요약될 시의 내용은 자두꽃과 꽃가지에 앉은 새 두 마리 사이의 적막과 울음의 교차이다. 꽃과 새로 요약될 무수한 목숨들이 하얗게 하나로 묶이는 일이 천년의 시간동안 진행되기 때문에 그것은 거의 동일한 시간의 경험이라고 해야 한다. 정끝별의 시적 전언이 이 '하나'의 사건과 세계라는 사실을 특별히 지적해두자.

삶의 춤에 대한 소급적 연쇄가 안간힘과 몸부림이라는 말의 영역에 계류된다면 「그런 것」은 '궁륭과 지상의 묵묵한 동행'이나 세계의 이별 같은 것이 그치지 않고 있었다는 사실을 확인하면서, 저 세계의 동행과 이별을 특별한 일이 아니라 상투적인 노래라는 말에 계류시킨다. '상투적 노래'는 일상 속에서 그저 그렇게 반복되는 노래를 뜻할 것이다. 이 의미 계류는 하나의 기표로 되돌아오는 존재들의 전개인데, 감각적 이미지가 아닌 '상투성'이라는 말과 그것이 환기하는 '되풀이'라는 의미로써 정끝별의 시는 자신의 독특한 문법을 만들고 있는 것이다. 이 언어 전개의 과정을 특별히 집중해서 보아야 하는 이유는 「이 시는 세 개의 새시입니다」에서 두드러지는 언어 맥락에 있다.

「이 시는 세 개의 새시입니다」는 세 개의 내용으로 구성된다. '# 새들은 그림자가 없어요'는 부재의 세계이고, '# 수평선처럼 흔들렸어요'는 생성의 세계이며, '# 그림자가 날 일으켜 세워요'는 부재와 생성이 귀결되는 하나의 세계를 표현한다. 부재에서 생성으로 그리고 하나로 이어지는 이 언어 전개를 원초적 억압과 욕동에 연결된 라캉의 의미론으로 도식화하는 일은 손쉬운 작업이 될 것이다. '# 새들은 그림자가 없어요'에 등장하는 새와 그림자와 꿈의 관계, '# 수평선처럼 흔들렸어요'에 등장하는 의미의 실선 아래와 생성, '# 그림자가 날 일으켜 세워요'에서 강조되는 '단일 특성-뜨레 위네르'로서의 하나가 그것이다. 이 세 개의 의미 영역을 표현하는 구절들은 차례대로

    땅에 붙어서 걷는 그림자는 크고
    땅에서 가까이 나는 그림자는 작다

    땅을 벗어난 것들의 그림자는? 없다

    …(중략)…

    공중부양하는 것들에겐 그림자가 없고
    내 그림자엔 새가 없다

와

    어쨌든 새는 게 실패가 아니다
    가장 뜨거운 눈물 아래로는 겹겹의 파도가 있고
    파도와 파도 너머로 한 줄 실선이 있다

    …(중략)…

    지평을 바꾸다 보면 언젠가 탈출할 수 있으니
    무엇이든 돼! 돼! 무엇이어도 괜찮아, 괜찮아

그리고

    하나의 빛을 향하면 그림자도 하나

    세상에 나올 수 없는 그림자는 깊고 뜨겁고
    깨면 잊히는 꿈처럼 그림자는 있고 없다

    …(중략)…

    나와 하나인 것들과 내게 하나인 것들과 나를 하나이게 한 것들이 있어
    그림자도 하나

이다. 각각 '부재'와 '생성' 그리고 '기원적 하나'를 표상하는 언어들은 "새"라는 시적 대상의 환유이다. 요컨대 새는 날아가는 새로 그치지 않는다. 새는

사물과 존재들의 사이로서의 틈새이기도 하고 그것을 표상하는 언어들의 사이이기도 하다. 세계의 사물들은 그 사이에서 의미를 얻어야 한다. 삶의 춤에서 안간힘과 몸부림을 보았던 시인에게 이 의미가 쉽사리 떠오르지 않는 상태라면 그것은 어떤 억압이 작용하고 있기 때문일 것이다. 시의 세 부분 각각 산문으로 진술되는 구절들에서 그 억압의 기제와 귀결이 나타나는데, 첫째는 그림자를 놓쳤기 때문에, 두 번째는 하늘이 엎질러졌기 때문에 억압이 발생하고, 세 번째는 앞의 두 사건이 초래한 비정상의 억압기제를 넘어서려는 행위로서, 삶의 춤과도 같을 몸부림에 상응하는 '하나'라는 의식-기표의 출현이 있다. "희망의 자장이 없으면 하, 나도 없는 거예요"는 한숨과 주체를 표현하는 '하, 나'를 포착하여 '하나'로 나아가는 것이다. 이 하나는 단일 특성을 환기하는 기표인데, 이로써 시인은 시의 마지막 구절에서 간절한 소망 하나를 드러낸다. 저녁 무렵의 낮고 향기로운 새가 주체를 덮어주는 상상이 그것이다. 이 상상이 향기로운 그림자를 가진 주체의 탄생에 해당하는 것일테고, 그 과정에 대한 언어 표상이 '하나'라면, 시인은 최종적으로 그림자를 가진 새의 날개에 동일화되는 존재라고 할 수 있다. 그것을 하나라고 쓸 때 시인에게는 세상의 모든 생애를 포괄하는 언어 작용의 어떤 양상을 '새시'라는 말로써 형상화하고 있는 셈이다.

  시인에게 '하나'란 그러므로 주체의 탄생방식을 하나로 귀결시키는 의미의 하나이고, 그 하나가 '새'로써 의미화되는 상승과 억압의 '상호 관계', 요컨대 '사이'에 대한 표현이라는 점을 주목해야 할 것이다. 우리는 앞에서 시인이 객관적 상관물의 상상적 연쇄를 중단시키는 몸부림과 안간힘이라는 단어를 사용하고 있다는 점을 지적했는데, 이 언어적 소급작용을 중단시키고 의미를 하나의 고정점에 계류시키는 의식이 시인에게 있기 때문이다. '하나'라는 기표 덕분에 모든 존재가 '새'의 형상으로 동일하다는 사고가 가능해지는 것이다. 세상의 모든 사건 사물들이 이미 하나로 귀결될 때, 개별적인 사건과 사물들은 모두 시적 언어를 통해 상호 교환가능한 것이 될 수 있다. 하나의 기표에 의해 세계의 존재들이 모두 포괄될 수 있다면, 세계의 저녁이 그림자처럼 낮고 새처럼 향기로울 수 있음을 시인은 넌지시 전달한다. 이럴 때 시인이 상투적인 세계라고 최후의 시에서 쓴들 그것이 무의미가 될 수 없다는 것을 독자들은 알게 된다. 반복은 하나의 세계 안에서 이루어지는 행위인데, 그것을 시인은 "두 발로 써야 할 길의 역사"이며 "타들어가면서도 마주해야 할 빛의 역사"라고 쓴다.

  그림자 없음에서 그림자 있음으로 나아가는 언어가 정끝별의 시를 정신분석적인 라캉의 의미론에 머물게 하지는 않는다. 그림자가 없다는 것은 순수한 비의미를 뜻하지만, 그 비의미는 의미로 충만한 비의미, 의미의 분산으로 나아가 하나가 되는 비의미이다. 이것은 마치 검은 색이 모든 색을 함축하고 개별 색채의 출발이 되는 것이지만 동시에 빨주노초파남보의 개별 의미를 지시하지 않는 것과 같다. 그렇지만 그 안에는 모든 것이 들어 있다. 독자들이 무수한 존재들의 언어적 뒤섞임을 경험하는 시는 「아무나는 나이고 아무개는 개」이다. 비의미의 애너그램을 충만한 의미로 바꿔놓는 언어적 시도가 충분히 성공할 때, 시는 정서보다 의미의 현현에 사로잡힌다. 그 의미란, 삶의 지평이 없고 지문이 없는 존재들을 환기하는 일인데, 이 의미 부재의 존재들이 부재 자체로 끝날 수 없다는 사실을 독자들은 잘 알고 있다. 누구나(누군가) 아무개(아무도)로 교차되는 이 세계의 형식이야말로 우리 모두의 바탕인데, 왜냐하면 주체는 주체가 아니라 타자이기 때문이다. 결국 하나가 모두인 세계를 지금 우리는 살고 있는 셈이다. 「두부하기」는 세계를 구성하는 이야기가 '실수'에서 비롯된다는 말로 시작한다. 여기에는 하나의 플롯이 있는데, 실수 혹은 우연으로부터 출발한 세계는 중간에 이르러 다양한 존재들의 뒤얽힘으로 펼쳐진다. "울렁이는 웅얼거림과 어처구니 없는 울먹임이 먼 곳의 몸짓처럼 떼지어 엉겨 떠올랐다가/ 젖은 무명보자기에 싸여 단단해지는 이 플롯"이 그것이다. 실수라는 하나의 이야기가 "희망"에 대한 서사로 이어져서 마침내 한 모의 두부 혹은 하나의 완성된 생애가 되기까지, 이 모든 전체를 시인은 "구원이라 할까 벌이나 꿈이라 할까"라고 이미 묻고 있는 것이다. 이 물음이 중요한 것은 그것이 시의 중간에, 다시말해 삶의 한 중간이라는 시간에 물어지고 있기 때문이다. 어떤 존재의 생애를 놓고 '구원'이나 '벌'이나 '꿈'이라고 묻는 것은, 이미 그 답의 영역이 정해져 있지만, 혹은 그렇게 묻는 말들의 정처가 말들의 기원에 의해 '하나'로 근거지어져 있지만 그 물음에 의해 모두 각각의 다른 숨결로 구체화되어 살아나기 때문이다. 과연 「두부하기」는 그 플롯의 결정적인 중간 물음을 거쳐서, 그 물음의 기원적 의미가 던지는 무게를 넘어서서 '흰밤처럼 깊은 마음의 이야기 씨들이' 살아나고 묵혀지는 존재들의 생애를 어루만지고 있다. 이것을 시인은 플롯이라고 써 두는데, 플롯이란, 이미 스토리의 출발과 맺음이 결정되어 있지만, 스토리의 요소들을 다시 살아나게 만드는 방법이기 때문이다. 시인은 하나의 세계를 살고 있지만, 무엇이든 되기를 바라는 세계를 살고 있는 것이기도 하다. 정끝별은 그 하나와 다자多者를 바로 기표들의 체계를 통해 주장하고 있는 시인이다.

시인에게 그 세계가 「갈매기의 꿈」처럼 다차원적 존재들로 겹쳐지기도 하고 「일상 아니 일식에 대하여」에서처럼 상투적인 현실의 소재들이 재구성되기도 하지만 독자들이 집중해서 읽어야 할 시는 하나의 기원이라고 할 수 있는 「언니야 우리는」이다.

우리는 같은 몸에서 나고 같은 무릎에 앉아 같은 젖을 빨았는데

어느'새' 시인은 그 하나의 삶의 경험을 넘어선 존재가 된다. 다리가 길거나 짧고, 머리가 더 길거나 짧으며 그리하여 모두 닳아버려서 "죽을 듯이 엄마처럼 하얘지"는, 아마도 하얘져서 이 세계 속에서 보이지 않게 투명해지고 있을 존재가 되기도 했을 것이다.

이것들이 저 하나의 기원에서 각각의 모습으로 전개되는 주체들의 삶이지만, 시인의 전언을 하나에서 다자로 그리고 다시 하나로 나아가는 삶의 비의미의 의미를 이야기하는 것으로 수용하는 것만으로는 충분지 않다. 이 기원과 전개는 다만 그녀들의 선택인 것만이 아니라 누군가에 의해, 정확히 말해 아버지와 오빠들에 의해서도 선택되는 것이고, 따라서 아버지와 오빠들에게 사랑받기 위해 어떻게 그녀들이 서로를 밀어내게 되었는지 구체적으로 아는 일도 중요하기 때문이다. 이 구체성이 애초에 하나였던 존재들에게 상처 입히는 일을 동반하기 때문에 어떤 전도가 있어야 할 것이다. 이 전도를 보여주는 시가 바로 「이 시는 세 개의 새시입니다」이다. "자세가 바뀌면 지평이 바뀐다"고 시인이 썼을 때, 그때부터 이 세계는 모든 주체들의 그림자의 장소가 된다. 이 그림자가

    그래 언니야 우리는 같은 엄마의 여자였고 서로의 여자였어 그러니까
    서로의 애기였고 서로의 애기였어

라고 쓰도록 하고 시의 마지막에 이르러

    니다리 내 다리 짝다리, 천근만근 안다리, 주홍마녀 유리벽, 강물 파도
야 싹,
    묻힌 다리에 새파란 무청 같은 날개를 달아주며

라고 노래하도록 하는 것이다. 나는 정끝별에 대한 다른 글에서 그의 시가 가진 여성적 주술성을 언급하면서 언어의 반복 형식을 밝히고 이 "반복의 배후를, … '사랑의 차연'을 파고 들어가 여성적 주술성을 중심으로 한 차이 영역으로 확장하는 언어"라고 쓴 적이 있다. 지금 우리는 여전히 언어들의 동일성

과 차이를 깊이 파고드는 시인의 형식을 보고 있는데, 동시에 이 동일한 기원의 세계에서 시인이 매우 인상적인 방식으로 '하나'를 부르고 있다는 것에 주목했다. 모든 개별적인 차이는 차이 자체가 아니라는 사실이 시인의 최근의 전언인 것이다. 이 '하나'가 시인의 모든 라임과 애너그램의 기원이고, 그것은 하나의 시로 귀결되리라는 것, 그로부터 모든 것이 되어가고 있는 세계가 정끝별의 하나하나의 시라는 사실을 적어두기로 한다.詩

박수연 | 문학평론가. 1998년『서울신문』신춘문예 당선. 충남대 교수.

이 시는 세 개의 새시입니다

2021 제22회 현대시작품상 작품집

초판 인쇄 · 2021년 7월 22일
초판 발행 · 2021년 7월 27일

지은이 · 정끝별 외
펴낸이 · 이선희
펴낸곳 · 한국문연

서울시 서대문구 증가로 31길 39, 동화빌라 202호
출판등록 1988년 3월 3일 제3-188호
대표전화 302-2717 | 팩스 · 6442-6053
디지털 현대시 www.koreapoem.co.kr
이메일 koreapoem@hanmail.net

ISBN 978-89-6104-293-2 03810

값 12,000원

ⓒ 현대시 2021

＊ 본 도서는 금보성아트센터로부터 제작 지원을 받았습니다.